广教寺双塔

保护与研究

刘政

——

著

吉林文史出版社

图书在版编目(CIP)数据

广教寺双塔保护与研究 / 刘政著.-- 长春 : 吉林
文史出版社, 2021.8
ISBN 978-7-5472-7949-6

Ⅰ.①广… Ⅱ.①刘… Ⅲ.①佛塔-古塔-保护-研
究-宣城 Ⅳ.①K928.75

中国版本图书馆 CIP 数据核字(2021)第 158827 号

广教寺双塔保护与研究

GUANGJIAOSI SHUANGTA BAOHU YU YANJIU

著者/刘政

责任编辑/钟杉　王新

封面设计/力扬文化

印装/成都兴怡包装装潢有限公司

开本/880mm×1230mm　1/32

字数/150 千字

印张/7

版次/2021 年 8 月第 1 版　2021 年 8 月第 1 次印刷

出版发行/吉林文史出版社 (长春市净月区福祉大路 5788 号　龙腾国际大厦 A 座)

www.jlws.com.cn

书号/ISBN 978-7-5472-7949-6

定价/80.00 元

目 录 Contents

广教寺双塔形制研究

一、双塔初探

广教寺位于宣城北之敬亭山南麓，其名在皖南早已广为人知。宣城自汉代起就一直是该地区郡治和县治所在地，具有悠久的越、吴、楚文化背景。自然环境更是秀丽无比，东有宛句二溪，北有敬亭山，整个城市如处山水环抱之中。

该寺据府、县志称始建于唐大中年间，至今已有一千余年历史，根据清嘉庆《宁国府志》："广教寺在城北五里敬亭山南，唐大中己巳（宣宗三年，849年）刺史裴休建佛殿，前有千佛阁、慈氏宝阁……宋太宗赐御书百二十卷，僧惟真建阁贮藏，郝允李建观音殿，并梅尧臣记。元末尽毁。明洪武初僧创庵故址，辛未（明太祖二十四年，1391年）立为丛林……今古寺虽墟，两浮屠（塔）犹峙于山门前，土人亦名双塔寺。今大殿又废，存石佛殿二进且就圮。"就知道广教寺始建于唐代，到了清乾隆年间几乎全部毁坏了，只余下双塔和石佛殿；而现今该寺之门庑堂殿俱毁，围墙亦无踪迹可寻，惟余方塔二基，尚孤峙于寺前缓平之坡地上，二塔虽已部分秃毁，然其外观秀逸，形制典丽，久已成为邑中重要古迹名胜。

早在 1956 年广教寺双塔被安徽省人民政府公布为省级文物保护单位。1988 年又被国务院公布为全国重点文物保护单位，1989 年对该塔进行了"原状加固"维修。现今双塔是 2014 年维修后的状况。本篇即以双塔现状，从其建筑平面、结构、细部与石刻等方面探究其建造年代。

1.1 寺塔溯源

广教寺位于宣城市敬亭山南麓。因寺前有宋代双塔，故俗名双塔寺。目前有关广教寺及其双塔之文献资料，历代载述很少，仅仅偶见于地志或诗文，且多破碎支离，文简意略，很难将其连贯并提供一较连贯与完整之史料。

依照现有之府县志载，其寺初名新兴寺，始建于唐大历年间，南宗禅师巨伟与北宗禅师昭在此论大慧经，建为道场。后又有浩禅师在道场西北作草堂居住，其旁又有藻律师居住，藻律师去世，门人在此建立塔院。贞元中，巨伟禅师的门人灵翘请于宣州刺史，合三院（南北宗论经道场、浩禅师草堂、藻律师塔院）为一，建立寺院，初名新兴寺。会昌四年（844），唐武宗下令毁寺，新兴寺被毁。大中元年（847）唐宣宗即位，下诏被毁寺庙允许修复。大中二年（848），裴休为宣歙观察使兼宣州刺史，迎黄檗断际禅师来宣，驻锡城内开元寺。

第二年（849），有僧人元敬等 4 人上书裴休，请求复建新兴寺。恰好宣州城东有座被毁坏的妙觉寺，一日因大风拔起 32 株大树，每株都是建造殿宇的材料。裴休感叹道："将立寺而龙拔巨树，天其有意乎？"于是从议复建。后来黄檗禅师亲赴安南（今越南北部）募化，终建成寺庙。大中十三年（859）八月，唐懿宗诏"用旧制安天下释像",新兴寺又加修葺,焕然一新,僧人定额30名。大中十四年(860)二月,清越禅师作《新兴寺佛殿石阶记》。咸通中,宣州刺史卢肇又作《宣州新兴寺碑》。成为后人研究寺庙早期历史的重要史料。

清康熙二十一年(1682)《宣城县志》记载:是时寺之规模甚大,所构梵宇僧舍,上下接近千间,其中见诸文字者,即有佛殿、千佛阁、慈氏宝阁等。相传建寺之全部柱栋材,均由禅师徵自安南,故寺内又有金鸡井、松萝木等异胜。以上史实,在明嘉靖《宁国府志》中厥而未录,惟清康熙二十一年及光绪十四年之《宣城县志》载述较详,但是均未涉及双塔兴建之经过及历代修葺之史实。

五代吴国顺义七年(927)杨吴国丞相、封齐王徐温病逝,其子宁国军节度使、魏王徐知证于新兴寺之东北建崇福院,塑五百罗汉,中书舍人徐善撰有碑记。

约在南唐或北宋初期,新兴寺更名为广教寺,又称广教院、广教讲寺。赵宋之时,涉及广教寺史之文记亦仅数列。如宋太宗曾赐御书一百二十卷,寺僧惟真建阁藏之。郝允李于寺内建观音殿,梅尧臣有记。至景德年间(1004—1007),有慈照禅师开堂于此并以偈语传颂一时。宣和中(1119—1125)钱昂守郡,聘守讷大师住持广教寺,僧徒云集。此外,间接之资料,尚有梅尧臣偕亲友数游广教寺及与寺僧真上人、文鉴、达观等吟咏唱和,另有北宋著名文学家兼诗人苏轼,于元丰四年(1081)为广教院模上人所书之陀罗尼经文,其刻石至今犹嵌砌两塔内壁之上。至于南宋之记录,仅有明洪武志引宋嘉定志之敬亭山条,谓山后有广教禅寺。以上表明,迄两宋之世,此寺香火似未有中绝。

及至元初，更于寺内设御讲僧，谓之"讲主"，其下僧徒达数百人，彼时寺内之建筑，尤甚宏众，建有堂殿、方丈、轩室、亭桥，池沼之属，其后寺僧有名坚者，以能诗而与当时名流雅士酬咏往来。继有荣枯崖法师，领广教寺住持，曾蒙元帝召见，并受赐金襕袈裟，由此数事，可知此寺在元代亦颇著名，而非一般之常刹也。志载全寺毁于元末。宋元时期，广教寺屡经扩建，规模宏大。据地方志等史籍记载，寺庙最盛时，有庙宇千间，僧人数百。佛殿有千佛阁、慈氏宝阁、藏经阁、观音阁；法堂名雨华，方丈室名宝华，僧寮室名笑华、园照；还有松月轩、雪屋轩、怀李亭、碧莲梵花亭、律海迟贤亭、江东福地亭等。

元末，宣城屡遭战乱，规模宏大的广教寺基本毁坏。明初，僧人始复建，洪武二十四年（1391）被立为丛林，但史载无多，未知其时之规模与状况。尔后，此寺仅散见于景泰、万历诸文士之诗文，多缺乏具体叙述。自万历至于崇祯，寺僧之见于地志者，有法通、元亮、在柯、道济等，其中道济又称石涛和尚，为明末清初著名画家，工山水，画风别具一格。依上知广教寺直至明末，依然存在。

明清易代之时，广教寺又遭到战火重创，据清初文献，如康熙二十一年县志及施闰章、梅琢成等人之诗文，知此寺已废处榛莽间，其殿堂门庑大多沦为瓦墟，仅遗有累累石础。乾隆志则谓大殿已毁，惟存石佛殿二进摇摇欲坠。再依嘉庆二十年《宁国府志》，其列于卷首之《敬亭山图》，双塔已颓然无顶刹。由此推测，该寺被毁约在清初。清《重建广教寺募疏文》记："罹元末之兵燹，历明季而榛芜"，"残碑断础，半卧牛羊"。半山大师叹曰：此黄檗道场也，荼毗殆尽，双塔巍然。并作《双塔寺》以感："嵯峨双塔敬亭西，卓锡从来并虎溪。云护天花犹作雨，泉通地肺不闻鸡。回峰暮拥千莲出，荒殿晴含赤日低。莫问前朝火几劫，居然灵异到今栖。"

民国初年，广教寺殿堂曾重修过，为游人游山必经之处。20世纪二三十年代，双塔北还有大型建筑（可能为石佛殿），抗日战争时期，部分屋宇作为国民党军队弹药库使用，1937年，国军为防止弹药落入日军之手，引爆弹药，寺庙大部分被毁，仅剩宋代双塔和清代偏殿一座。至此，广教寺已无佛事活动。

20世纪30年代的双塔

新中国成立后，广教寺旧址被作为敬亭山园艺场用地。20世纪70年代在大殿废基后发现了几块宋代的瓦，其中有莲瓣瓦及重脊滴水瓦，形状花纹都完好。1988年为保护全国重点文物保护单位广教寺双塔，由国家文物局拨专款对双塔进行了修缮，并修建了塔院和山门。1992 年安徽省考古研究所对广教寺遗址进行了考古发掘，发掘面积 500 平方米，发现了宋代和清代的部分建筑基址。2014 年 5 月至 11 月安徽省文物考古研究所又进行了第二次考古发掘，发掘面积 1550 平方米，在第一次考古发掘的基础上，发现了宋代至民国时期的牌坊基础、花园地坪、水池、灶台、墙基等多处遗址，从而印证了广教寺的历史和昔日的规模。

20 世纪 80 年代初的双塔（万应平摄）

广教寺双塔位于敬亭山南麓广教寺塔院内，建于北宋。两塔东西对峙耸立，相距 26.9 米。两塔外观均为 7 级仿木结构方塔，具有唐代方式楼阁的风格。而结构以砖仿成柱、枋、斗拱等，附加半木结构，这种沿用唐代四方形平面建塔手法的宋塔，在全国尚存古塔中实属罕见。双塔塔体外墙初建时用石灰粉成白色，后石灰脱落，露出砖体。双塔塔刹部分在明清之际时已经残破，因不清楚塔刹情况，至今未做修复。目前，东塔残高 17.86 米，西塔残高 17.87 米，东塔形体稍大，底层塔身南北长 2.66 米，东西宽 2.64 米；西塔底层塔身南北长 2.33 米，东西宽 2.30 米。塔身每层 4 面都砌有雕刻着坐身佛像的青砖。塔外 4 角 4 面，每一面都用圆柱砖条划分 3 间，中为圆拱门，有阑额、角柱，檐有华拱出跳，墙面饰嵌宝相花座佛像砖雕。砖的形制甚多，有 100 多种。两塔底层 3 面设门，东塔无东门、西门无西门。塔外每层有平座腰檐、仿木斗拱、塔内中空，每层有楼板、楼梯，供人登至顶端。两塔的第二层南壁门上，分别砌着宋代苏轼手书《观自在菩萨如意轮陀罗尼经》刻石，阴刻正楷书体。东塔一块宽 90 厘米，高 49 厘米，剥蚀严重；西塔的刻石宽 85 厘米，高 41 厘米，四周配镶砖框。刻石署款："元丰四年（1081）二月二十七日责授黄州团练副使眉阳苏轼书以赠宣城广教院模上人"，后跋书："绍圣三年（1096）六月旦日宛陵乾明寺楞严讲院童行徐怀义摹刊于石普劝受持同增善果"。根据刻石所处位置，推断刻石是在砌塔的同时放置上去的，所以双塔的建造年代应为绍圣三年（1096）或稍后。1956 年被列入安徽省文物保护单位。1974 年，宣城县革委会邀请上海同济大学陈从周教授勘察、考证，写出了第一份考证材料。1979 年 1 月国家文物局专家组组长罗哲文教授亲临双塔查看，并对修缮、保护作了重要指示。1982 年夏，南京工学院（1988 年改名东南大学）刘叙杰副教授，对双塔进行了深入细致的勘察、测绘，并写成报告，为修缮工程打下了论证和技术基础。

1988 年元月，广教寺双塔被国务院公布为全国重点文物保护单位，随后，省政府公布了双塔的保护范围和建设控制地带，宣州市政府划拨了 71.3 亩的土地用作塔院建设。1996 年，成立了广教寺双塔文物保管所，为全额拨款事业单位。1988年5月，国家文物局批准了双塔现状加固的维修方案，并拨款维修。维修前双塔的损毁残破状况为：两塔均出现不同程度的偏斜，内部的木梁、楼板、扶梯等木构件均已毁坏无存，各层腰檐等仿木结构部分多数风化脱落，顶部长满杂草灌木。西塔因1985年10月和1987年5月两次遭受雷击，第4至7层内壁开裂1厘米。1989年4月，双塔抢救修缮工程开工，至1990年4月竣工。修缮的内容有塔基加固，整修塔身砖体、腰檐、佛像风化剥落的部分，安装各层楼板和避雷装置。双塔塔院建设工程于1994年6月开工，建设的主要内容有：固基排水，砌筑了900余平方米，青石板铺面的平台；拆迁了两塔周围的属园艺场宿舍的7幢民房；修筑了塔院围墙，并建造仿宋式山门，砌筑了山门至两塔之间的道路。

　　2014年，由国家文物局拨款，对双塔再次进行了维修。此次维修内容主要是塔身加固、酥碱防治等。

2014年维修后的双塔

1.2 史料推论

想对于广教寺的文献记载，广教寺双塔之文献资料历代载述更少，虽然唐及宋初诸多文献，均无双塔记载。梅尧臣《宛陵集》中，相关广教寺的诗文颇众，却也未提及双塔。双塔亦无历代修葺碑记。但东西塔二层内壁，于拱门上方各嵌有苏东坡书写的《观自在菩萨如意轮陀罗尼经》，刻石是横长方形，书体是正楷。东塔的一块剥蚀得比较厉害，西塔的一块，在四缘还装配着砖框。刻石上面的署款均为"元丰四年二月二十七日责授黄州团练副使眉阳苏轼书以赠宣城广教院模上人"。这二刻石从嵌法来看，应是建塔时砌入而非后来补入的，二刻石的后跋为："绍圣三年六月且日宛陵乾明寺楞严讲院童行徐怀义摹刊于石普劝受持同增善果"。据此推测双塔建于北宋哲宗绍圣三年（1096）。

或者据文献记载，清康熙二十年《宣城县志》卷二："祠祀，广教讲寺在城北五里余敬亭山南，唐大中己巳，刺使裴休建，……宋太宗赐御书百二十卷，僧惟真建阁贮藏。……元末尽毁。明洪武初，僧创庵故址。……古寺虽墟，两浮屠犹双峙于山门之前，土人亦名曰：'双塔寺'。"所以双塔建造时间可能是唐大中年间；宋太宗赐御书，惟真建阁贮藏时期及明初恢复时期。还有一种可能即由民间集资兴建而未见于文献。

从史料的推断来看，双塔有建于北宋哲宗绍圣三年（1096）或者建于唐大中年间这两种意见，而之后将根据双塔残迹，从其建造型制角度进一步论证何种可能更接近史实。

二、双塔型制再考

"塔"在我国建筑类型中，出现的时间较晚。佛教传入中国之时，佛塔也随着而来。中国的传统建筑"楼阁"结合佛塔形成具有中国特征的塔。中国的塔可以分为：楼阁式塔、喇嘛塔、密檐式塔、金刚宝座塔、过街塔等类型。

中国古代，统治者以建造高楼这种方式互相炫耀其雄厚的资本。古代盛传"楼"为仙人所居，因此秦始皇、汉武帝都曾营建高台楼阁来供奉仙人。用这类建筑尊崇佛最为合适；此外，高楼使人望而惊异，增加神秘感。于是楼阁建筑便被首先采用了。佛经上译作"高显"，意为既高大又显赫。印度窣堵坡与我国传统建筑结合而成的楼阁塔主要分四部分：塔刹、塔身、台基和地宫。地宫，塔的地下部分，在中国文化中有陵寝深埋的传统，于是创造地宫，用于存放舍利、经文等重要物品。台基，主要起支撑塔体的作用，也有着装饰作用。塔的级别越高，台基越复杂。平面形状有八边形、四边形，有的台基配有杆栏望柱头饰，雕花阑版；乡村塔多简化台基，楼阁式塔台基多做成坛状，一层木廊庑与台基连成一体。塔身，塔的主体，塔的变化主要在塔身楼阁式塔都是空体结构，各层分布均匀，内外一致，单塔筒木板划层直登梯在塔筒壁木板划层之间，双塔筒砖券拱划层旋登梯在双塔筒壁内，及外加腰檐平座围栏，楼阁式塔中心为实心的较少，一般高度不高，称为仿楼阁式塔。塔刹起封顶、防漏、装饰的作用，使塔更加挺拔、神圣。塔刹实际上是一个缩小的塔。早期的塔刹存有佛教内容于刹座中，并与塔顶相连，常做成仰莲或须弥座。

广教寺双塔位于广教寺遗址内的寺前缓平之地上，北侧依山丘叠砌有石驳岸三重。现塔基四周用青条石铺地，条石为1988年新做，形成塔院空间，东西长65米，南北长25米。两塔东西相对峙，其底层外壁之水平距离为26米，两塔南北方向均有偏斜。

方形平面，东、西二塔边长分别为2.66米与2.33米。两塔形制基本相同，为仿木楼阁式砖木混合塔。外观七级，各层楼板与出檐将有木构件存留。塔体空心砖筒。阶基踏道，各层腰檐及顶盖、刹皆塌，残高约17米。由于年久失修，塔身内外壁粉饰已大部脱落，若干砖件亦已松散或坠失，但塔身尚未发现较明显的裂缝或脱陷。塔内部之木梁楼板，扶梯均不存在，自下仰望，可遥见顶空之天光云影。1989年修复时恢复了楼板和扶梯。对于双塔建造的年代，虽然不见于史籍文献，但从其残存的遗迹中也可以探究一二。

2.1 整体布局

从中国古塔的组合上分类，除了大量的单塔以外还有双塔、三塔和群塔等型式。所谓双塔，简单地说即指位于同一处的形制相同或基本相同的两个塔。双塔的制度是否由此而来尚不能确知。但可以肯定，这是双塔制度的缘由之一。山西太原附近的开化寺释迦多宝连理塔即是例证。在历史文献中，有关双塔由来的最早记载是《南史》卷七十，循吏："宋元嘉中，……帝以故宅起湘宫寺，费极奢侈。以孝武庄严刹七层，帝欲起十层，不可立，分为两刹，各五层……"根据这段记录可知技术因素是导致双塔出现的原因之一。

从我国传统的建筑形制来看，就双塔与寺庙总平面布局关系而言，双塔形制的出现受了我国早期双阙形式的影响，而在日本学术界则普遍认为双塔形式的出现主要是因为佛教教义变化而导致的结果。在我国，早在东晋初期已出现双塔的形式，目前已知现存的最早实例是河南安阳宝山的一对北齐时的石造单层墓塔。云冈石窟中石刻图案与敦煌壁画中的建筑形象均未见有双塔。

我国现存双塔实例主要有十五处，自北齐至明清各代都有双塔实物遗存。双塔类型有楼阁式、密檐式及单层塔。建塔材料主要是砖、石、铁。平面有方形及八角形。北宋以前双塔都是方形平面，之后多为八角形。明代又有了方形砖造密檐塔出现，如昆明大德寺双塔就是建于明成化二十五年的方形砖造乃檐的密檐塔。现存双塔腰檐层数基本上都是奇数，只有云南大理的崇圣寺双塔为偶数。

对现存的双塔实例进行分析，在北齐时，即双塔发展的初期，塔的立面很简洁，少有装饰，方形线角，壁面没有斗、拱或隐出的柱额等构件，与同时期的河南嵩山嵩岳寺塔相比显得更加古朴简洁。唐、五代以后至两宋时期是楼阁式双塔的成熟期。现存双塔实例中大部分都是这时期的楼阁式塔。这时期双塔在佛寺总平面中布置关系主要有以下几种：（1）双塔位于寺内大殿前方，在中轴线两侧；实例如杭州灵隐寺双石塔，泉州开元寺双石塔；（2）位于佛寺山门前主轴线两侧；实例如山西平定天宁寺双塔，安徽宣城广教寺双塔，两者都是东西相对，双峙于佛寺山之门之前；（3）双塔位于寺内中轴线上，呈前后排列的形式；实例如山西永祚寺双塔，一塔在中殿之前一塔在大殿之前，形成两个前塔后殿的布局方式。这种布局方式至明代又有了反复；如山西阳城龙泉寺，山门内建一座塔，塔后又建一座明代塔，均在大大殿之前，双塔前后排列；（4）双塔位于寺外两侧，或另辟塔院等。实例如辽代北京房山云居寺南北二塔。

从双塔与佛寺总平面布局方式，可以推断，总平面布局上双塔之所以有上述的位置关系，主要是受了我国早期双阙布置方式的影响。同时与我国佛教初期的以塔为佛寺中心的平面关系直接相关。

唐代后至两宋时的楼阁式双塔，形制上主要有以下几方面的特征：主体结构有单壁空筒式及设塔心柱等形式；前者实例有如苏州罗汉院双塔，安徽宣城广教寺双塔等，后者实例如福建泉州开元寺双塔等。双塔的立面轮廓线为稍曲的线形，多设有平座、表面也常隐出斗拱，倚柱，阑额等仿木构件，可以看出，仿木楼阁式塔的手法已经成熟。现存的诸多楼阁式双塔也都表现出这些特征。

而广教寺双塔平面是四方形，相距百尺左右，现塔身建于砖砌基础之上，东塔基座高 0.695 米，由 14 层砖叠涩，上铺青石板构成。西塔基座高 0.7 米，由 13 层砖叠涩，上铺青石板构成。东塔踏道位于西侧，西塔踏道位于东侧，此为 1988 年维修后结果。观察，未有明显基础沉降。1988 年维修前勘测描述：据东塔西南隅下之发掘，现有基座下 0.4 米处，即为砖砌之大方脚，计出叠涩二十一层，高 0.82 米平面延出塔外壁 0.72 米；其下施碎砖、土与石灰之三合土垫层，厚 0.45 米，再下即为坚硬之砂石底层。西塔西北脚下，距塔底层地面 0.20 米处，叠青石条二层，厚 0.25 米；石下砌砖叠涩之大方脚十五层，高 0.68 米，平面延出塔外壁 0.80 米；砖下再施厚 0.42 米之夯土。目前二塔基座之高、宽均不一致，东塔基座残高 0.7 米，宽 0.6 米；西塔基座残高、宽为 0.3 米，其构造于东塔垒以石，西塔则砌以砖，且皆后代改筑，据当地传闻，皆为五十年代改砌。两塔平面均为方形，但东塔稍大，其底层边长 2.64 米，西塔底层边长 2.34 米，两塔每边边长有 0.02—0.05 米不同，可认为施工误差。塔内设方形塔室，每层设木楼板，通过直爬梯通达顶部，内外壁均有收分。二层及以上四隅施角倚柱。

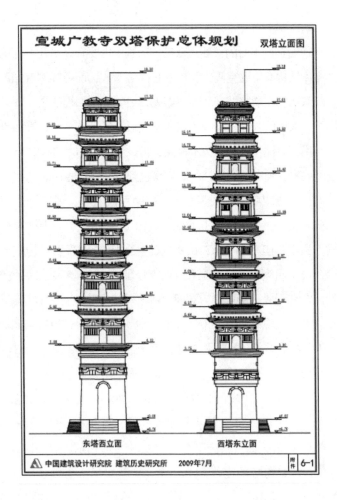

双塔现余 7 层计残高近 20 米。四面开门，在底层东塔东面和西塔西面都不开门。塔的内部每层用木楼板，中间是空的，没有塔心柱和其他的建筑装饰。从我们现有已知道的宋代双塔实物中，像这种仍旧沿用着唐代四方形平面的，只有这样一个例子。双塔的外观很是挺秀，外轮廓线稍微带有抛物线，它具有着宋塔应有的神态与风貌。塔

是砖造的，半木檐，每层都有腰檐平座，外观是模仿木结构形式。柱、枋、斗拱都反映了宋代建筑的特征，每层原有半木制的腰檐，现在损毁得很多，几乎全部都要进行修缮。存的一些木制的角梁，和出跳用的斗拱，是今后修缮中的重要依据。

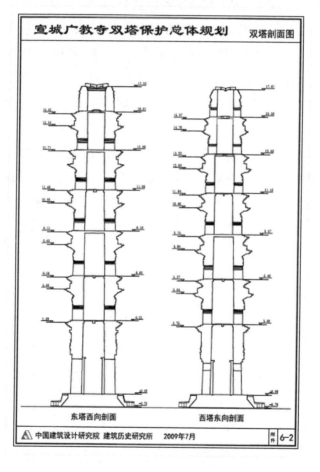

残塔每面用间柱划分为 3 间，中间的圆拱门，转角圆形的角

柱有"巷杀"久"侧脚",阑额上有补间铺作一朵,出华拱一跳。二层在补间铺作的两旁正中位置上有两根心柱,这种形式,还保存着唐代的老做法。角柱上有转角铺作,各层檐部用叠涩砖和凌角牙子砖并铺以斗拱来承托出檐,檐部上为平座,它是用叠涩砖砌成。塔面多佛像砖。塔的顶部现在已全损坏,从清嘉庆《宁国府志》载敬亭山图上的双塔,和现在的情况差不多,这说明为时已很久了。依照宋塔的一般形状来说,这塔的顶应该是四角攒光,上面有刹干和塔饰,刹干从 6 层开始,下面用木过梁承托着这些早已不存了。由于塔顶毁坏,所以对塔身的保护,有着很大的影响。

塔的内部面积很小,各层是用简单的木梯上下,两塔的二层在东西壁面上。分别砌着宋代苏轼(东坡)所写的《观自在菩萨如意轮陀罗尼经》刻石,刻石是横长方形,书体是正楷。东塔的一块剥蚀得比较厉害,西塔的一块,在四缘还装配着砖框。这二刻石从嵌法来看,并非后来补入的,塔壁墙身内放置着木骨,用以加固,灰缝为石灰加黄泥。塔身的结构尚完好,不过东塔顶层看去已有裂缝,并且上部向西北微有倾侧。西塔的西北面,由于风雨的侵蚀,剥蚀得较严重。

该双塔原有的腰檐檐下斗拱、椽木,各层木楼板及顶承利、刹杆及刹件连同底层塔壁木构部分均不存在。双塔的平面与主体结构都保留有魏至唐传统佛塔的古意。双塔每面四柱三间,两转角圆形砖造倚柱及中间二样柱。明间辟半圆形券门洞,两稍间辟破子棂假窗,阑额与角倚柱相交不出头,阑额上不设普拍枋,转角倚柱上各施柱头铺作一朵,二半泥道拱,阑额中部置隐出的砖制一斗三升,壁面补间与柱头铺作出跳的木制华拱已不存,只遗留有华拱孔洞或部分残件。

该双塔最特殊的是它的腰檐结构方式：双塔现存叠涩砖体，叠涩部分最外边以二层牙砖与涩砖相间叠出，但叠涩部分上方壁面又有一排水平方向的椽孔。由此看来广教寺双塔的腰檐结构是一种混合结构方式。据析双塔腰檐主要承重结构是砖叠涩部分，木椽既能分担荷载加大出檐，又便于创造出木构楼阁的形象特征。广教寺双塔的腰檐结构方式实质是唐代典型的叠涩砖造腰檐与宋代砖木塔典型的纯木构腰檐，如苏州瑞光塔之间的一种过渡形式。它反映出一定的时代背景和地方特征，所以从双塔布局及平面来看，其为宋塔的可能性较高。

2.2 塔身结构

双塔建于规整的基座上。据东塔西南隅下之发掘，现有基座下 0.4 米处，即为砖砌之大方脚，计出叠涩二十一层，高 0.82 米平面延出塔外壁 0.72 米；其下施碎砖、土与石灰之三合土垫层，厚 0.45 米，再下即为坚硬之砂石底层。西塔西北角下，距塔底层地面 0.20 米处，叠青石条二层，厚 0.25 米；石下砌砖叠涩之大方脚十五层，高 0.68 米，平面延出塔外壁 0.80 米；砖下再施厚 0.42 米之夯土。

目前二塔基座之高、宽均不一致，东塔基座残高 0.7 米，宽 0.6 米；西塔基座之残高、宽均为 0.3 米其构造于东塔垒以石，西塔则砌以砖，且皆经后代改筑，故其原来形范，目前尚难予以判断。双塔底层外壁为素平砖砌，四隅无角柱，也无樣柱之制。双塔南北向底层中央各辟圆券门，东西双塔东西券门相对。圆券门上隐砌出阑额，未置普拍枋，上承补间铺作一朵及二转角铺作。泥道栱上设小斗承柱头枋一道（无慢栱），均为砖砌。泥道栱中央遗有安置出跳木构的矩形孔洞。角铺作的泥道供由二具半供组成，呈曲尺状排列，转角处半栱中央（45°）也有木构出跳生根的孔洞。西塔第四层南面及东塔第三、四层的西南隅的孔洞中遗。

有类似华栱头的出跳构件。孔洞大小东西两塔分别为 16.50 厘米×10 厘米及 16.50 厘米×11.50 厘米。约合宋《营造法式》中七等材大小。底层补间铺作与角铺作之间各嵌镶陶质佛像砖二块。（二层以上为一块）柱头枋上砌有稍收进的壁体。再上为叠涩腰檐和平坐部分。双塔第二层平坐下塔四隅留有较大的孔洞，尺寸约为 15.50 厘米×13 厘米，推测可能是双塔角梁（副阶）出处。

双塔底层高分别为 4.07 米和 3.90 米。二层以上约为 2.5 米，渐减。底层外壁四隅未施角柱，二塔底层之正面，即东塔之西面，西塔之东面，与南、北二面各辟一园券门，原无门扇，1988 年维修增加门扇。塔壁于券门以上隐出阑额、斗栱，无券门之一面，亦在外壁相应位置隐出同样构件，出栱壁板在 3 至 4 厘米。阑额上未置普拍枋，额枋不出头。斗栱补间一朵，其泥道拱上无慢栱，仅以小斗承柱头枋一道。泥道拱中央遗有安置出跳华栱之矩形孔洞，角铺作泥道拱由半拱二具组成，排列成曲尺状转角处亦留有出跳华栱之孔洞。角铺作与补间铺作之间，各嵌镶陶质佛像砖二块。柱头枋上砌有稍收进之壁体，最后挑出多层叠涩，以形成上层之平座。平座之下塔隅，亦留有较大之孔洞，似为搁置副阶角梁处，其上塔壁有凹入，疑为副阶屋面与塔壁结合处。

底层塔体内设有 4.5 厘米厚的木筋板进行水平交圈加固，东塔为三皮，西塔为五皮。这一特点在同期的宋塔中亦有存在者，如苏州的瑞光塔，湖州的飞英塔等。

东塔底层层内壁有凹入的孔洞，其上塔壁内有交圈的凹槽，推测可能为斗拱承托楼板，但此处于二层楼板与底层地坪中间，是否为一夹层，尚需更多的证据。东塔底层四外壁有凸出塔体的砖，东面有凹入塔体的规则弧形，推断此应为构筑物的痕迹，但因无资料，暂时用途不明。且西塔的西面阑额下方砖有向下联接的痕迹，尚有待于进一步的研究。

双塔底层外壁朴素无华，四隅亦未施角柱。仅于圆券门以上隐出阑额一斗三叶斗拱（无券门之一面，亦在外壁相应位置隐出同样构件。）阑额上未置普拍枋。补间铺作只设一朵，其泥道拱上无慢拱，仅以小斗承柱头枋一道。泥道拱中央遗有安置出跳构件之矩形孔洞角铺作泥道拱由半拱二具组成，排列呈曲尺状，转角处亦留有出跳构件之孔洞。角铺作与补间铺作之间，各嵌镶陶质佛像砖二块。柱头枋上砌有稍收进之壁体，最后挑出多层叠涩，以形成上层之平座平座下之塔隅，亦留有较大之孔洞，似为搁置副阶角梁处。

二层及以上各层之塔壁其面阔及层高均依层而递减。每层均有收分，四隅均置略有侧脚之圆形角柱，但下未见柱础，柱上端仅置阑额而无普拍枋，其阑额之近柱头处，切削成收杀之斜面。额下施櫺柱二根，划分壁面为三间，中砌园券拱门，两侧施破仔棂窗，并隐出贴额、腰串等仿木构部件（西塔六层无棂窗，1988年维修前旧没有，维修时保持原状），东塔无腰串隐出，砖制破棂子条直接榫入槛下墙。额上斗拱之布置，一如底层，其尺度亦依层而略减。拱间壁上，各嵌有莲坛坐佛之陶砖一块。

柱头枋之上皮，凿有较规则之凹槽孔若干，西塔各层柱头枋上皮，每边均凿有间中距为 26 厘米到 30 厘米左右的规则矩形卯眼槽若干。而东塔相对应的枋上皮，则仅于四隅的拐角点上各有同类卯眼一个，其以上之塔壁，东西塔皆以 4 至 5 皮砖叠砌嵌斜面向外伸出（西塔第五、六层则伸出砖仅两皮）。斜面以上，交互平出斜涩砖与菱角牙砖各二层，斜出砖面凸凹参差不齐，原贴之灰泥，亦厚薄不匀，仿佛是原先不露明的隐蔽部位以上之塔壁，砌作向外伸展之斜面（1988 年维修前部分斜面尚留有凸出之直棂，似仿木建筑之天花支条，东塔三、四层对应部位间，抹灰面有贴木纹状遗痕），再上之塔壁转向内凹，并砌有排列规则之檐椽一列（至角部分布渐出）。其上塔身又向外挑出平涩若干层、构成再上一层之平座。平座无勾阑，现做成叠涩状，此与平座的功能不符。二塔之平座及檐部俱呈曲线升起，尤以东塔为显著，西塔平座现几乎无升起。斜面局部尚有凸出的直棂，似仿木建筑的天花支条，斜面以上，间隔平出叠涩砖菱角牙砖二层，再上的塔壁转向内凹成垂直的塔壁。垂直壁面下部有排列规则的扁方形水平孔洞一列，至角部渐密。西塔第二、三两层，各层水平孔洞数目为 15 个加 2 个角孔共 17 个。第四、五二层分别各面为 15 个孔洞，第六层每面有 13 个孔洞。这些孔洞随腰檐生起之势逐渐加高，根据局部洞内木质残件推测，应为檐椽。孔呈水平方形、深约 30—40 厘米．孔洞以上内凹约 10 厘米，有高为 30 厘米的素平塔壁。再往上是叠涩出跳的平坐，平坐未设勾阑。双塔的阑额及檐部俱呈曲线生起，尤以东塔显著。据实测西塔生起在 5～60 厘米之间，东塔檐部翘起则达 12 厘米之多。

塔壁大部采用卧砖砌筑，原砌筑浆为黄土澄泥浆，二层及以上塔体也设有木筋板进行水平交圈加固，并在东西塔各层券门上阑额枋间及平座外挑合角处的隐蔽部位内，亦设有木筋板进行拉结加固。各层楼板下于门券两旁有木梁（平面交叠如井字形），为承托楼板之用。七层现保持残垣之现状，为防止雨雪直接淋入塔心室，1988 年维修采用了砼楼板处理，楼板中央设上人孔，覆雕花孔盖。

塔外壁原施有红、白二色粉刷，现已剥蚀殆尽，仅由若干隐出之仿木构件上（如阑额、角柱、槏柱、斗拱等），尚残留少许红色印迹。直棂窗壁间则遗有若干白灰垫层。内壁粉刷已基本不存在。

由于顶部崩坍，塔顶结构、刹柱与刹均早已无存。现二塔第五层的内塔壁上，东塔于东南、西北两隅，西塔于西南、东北两隅，各发现有安置承托塔心木的大梁孔洞两个。外缘截面尺寸，东塔为 170 毫米×480 毫米，西塔为 160 毫米×320 毫米，原塔顶推测为四角攒尖顶，上承塔刹。1988 年维修时未进行恢复。

2.3 细部构造

塔砖：塔体砖多数属青砖，西塔也有少许红砖。较硬，质地、规格、色泽参差不齐。可能与砖的批次、产地及历次的维修有关。亦有少许经受风雨，自行风化严重者。粗略统计：异形砖除外，尺寸规格仍多至几十种。部分砖侧印有"寿""正""平""六""十一"等字样或其他符号。所用砖之规格尺寸，多至十余种，尺寸约在 21.2×7×4.8—37.5×19×6 之间。比唐代常用砖尺寸（36 厘米×18 厘米×7 厘米）稍小。依其形状与用途，大致可归纳为四类：方砖：尺寸有 27×27×4.2，25.5×25.5×3.8 二种。多用于园券门内地面，或加工成平座表面之披水砖。薄条砖：尺寸有 37.5×19×6，33×16×4，25×11×3.7 等多种。大量用于塔壁砌体，

菱角牙砖，或具混线之斜涩砖。厚条砖：尺寸有 29.5 厘米×8.2
厘米×4.5 厘米，23.7 厘米×8.7 厘米×5 厘米，21.2 厘米×7 厘米
×4.8 厘米等。多用于塔壁。异形砖：均经特殊模制，然后烧结。
其大型构件或外形复杂者，常由数块拼合。如角柱、护斗、齐心
斗、散斗、泥道拱、拱间佛像砖等。其尺寸与外形、因构件、层
数而略有差异。

塔　砖

　　由此二塔砖制斗拱所表现之材梁，并不统一。依底层之构件
测定，如东塔补间铺作泥道拱中央之槽孔（相当于单材华拱之断
面），其尺度为：高 16.5 厘米，宽 9 厘米；而西塔则为高 16 厘
米，宽 11.5 厘米。大致相当于宋《营造法式》所规定之七等材
（"广五寸二分五厘，原三寸五分"。折合米尺制高 16.8 厘米，宽
11.2 厘米）。若以此为标准，则与其他构件之比例，又有许多不
合。如泥道拱本身长度，依《法式》规定为六十二分，折合西塔

本身材高，应长 70 厘米，而实物竟长达 90 厘米，已大大超过。又如柱头枋高应即为材高。而西塔底层之柱头枋仅高 9.5 厘米，与泥道拱高相差约三分之一。再如阑额高度，依《法式》为"广二材，厚减广三分之一"，折合西塔材梁、应高 32 厘米，而实际尺寸仅高 23 厘米，相差亦超过四分之一。此外，斗拱护斗与小斗的耳、平、款间的比例，亦未严格依 4：2：4 规定。至于二层及以上的各项构件，若依照面阔与层高的递减变化再予计算，则其间之比例尺度更加不合符契。推其原因，主要是由于砖构件有其本身之局限性，不若木材之易于随意加工，故除特殊要求之建筑外，一般均未能具有较精确之比例尺寸。其次是可能出于地方的民间传统手法，它具有较多的乡土特色与随宜措施、从而不能完全引用中原的官式做法，以强求其标准的统一。

双塔壁体砌筑方法大都采用顺砖砌法。有一顺、二顺一丁，也有四顺、六顺一丁。底层壁体每隔约半米有一层木板拉结。各层木楼板及梁枋俱佚，但内壁门券洞下部仍遗有放置梁板构件的凹槽与孔洞（平面相交如井字形）。

双塔顶部崩塌，塔顶刹、柱已不存在，第五层的内壁角落有相对的大梁孔洞遗存，孔洞断面尺寸：东塔：高、宽、深分别为 17 厘米×28 厘米×48 厘米；西塔则为 13 厘米×32 厘米×60 厘米。

尤其值得注意的是双塔的第二层内壁门洞上方各嵌有苏东坡书写的《观自在菩萨如意轮陀罗尼经》石刻一方、因日久天长，表面已部分风化，但多数字迹仍可辨认。经文虽未言及双塔的情况，但石刻四周灰缝及砌砖与塔内壁其他部分一致，推测应为建时砌入而非后来嵌入。初步证明，双塔石刻经文上明确的纪年（1096）即双塔兴建时间约北宋之时。

楼板：各层木楼板，西东两塔以顺、逆时针方向，两两相对地在各层置方形上人孔，并采用"一字"木爬梯，以供上下，木构表面均刷以生桐油。七层楼采用了砼楼板处理，楼板中央设上人孔，覆雕花孔盖。

斗拱：斗拱补间一朵，其泥道拱上无慢拱，仅以小斗承柱头枋一道。泥道拱中央遗有安置出跳华拱之矩形孔洞，角铺作泥道

楼 板

拱由半拱二具组成，排列成曲尺状转角处亦留有出跳华拱之孔洞。角栌斗为圆形，东塔自三层起，角栌斗的斗平为木质。

推断斗拱可能的两种形式：一是仅出一跳耍头，即宋《营造法式》的"把头绞项造"，但其与檐部结构无连接，显得有些不合理。二是外出华栱一跳，上乘令拱及替木；华拱上置耍头，其前端与令拱相交，后尾支承于泥道拱中央的齐心斗上，即宋式斗拱中的"四铺作出单抄"，但东塔上的齐心斗上仅有一凹槽，塔壁上并无孔洞，耍头后尾无法固定，西塔上有的齐心斗上凹槽也无，于柱头枋上皮，每边均凿有间中距为 26 厘米到 30 厘米左右的规则矩形卯眼槽若干。且也无法支撑其上的檐部结构，有待于

进一步的研究和探讨。

斗　拱

东西塔残留的底层拱洞为 100 毫米×165 毫米和 110 毫米×165 毫米，如按《营造法式》规定进行折算，大体为七等材（法式七等材折算毫米为 112 毫米×168 毫米，则相差不大）。但即使拿他们本身泥道拱长度来看，就已很不相宜了（法式中七等材泥道拱长六十二分即应为 695 毫米，而前边已提到底层补间铺作泥道拱长东西塔分别达 820 毫米和 870 毫米）另外以东塔底层为例：其阑额高 240 毫米（法式七等材应为 326 毫米）；柱头枋高 90 毫米（法式七等材为 168 毫米）补间铺作之栌斗高 150 毫米（法式七等材应为 224 毫米）等等，俱无法与《营造法式》之形制进行"对号入座"。至于耳、平、欹之 4：2：4 规定，在多数栌斗、散斗、齐心斗实物构件本身尺寸中，也是无法自行吻合的，至于二层以上各层，由于面阔层高逐层进行了递减，构配件尺寸也相应进行了灵活处理。若再依原比例，进行计算，其间比例尺度则更加不符合了。

究其原因，由于砖仿木构的局限性，匠师操作工艺水平参差不齐，加之地方的民间传统手法，从而无法完全应用《营造法式》的规定。另外，《营造法式》刊行于宋崇宁二年（1103），如双塔始建于1096年，也有可能未影响此域。

出檐：双塔的出檐大体由斗拱、叠涩砖（包括菱牙砖）及水平木椽组成。其主要悬挑作用的是叠涩砖，其下的斗拱偏重于装饰结构，这种出檐方式可见于建于总章二年（669）的西安兴教寺玄奘法师塔，从结构上来说，可认为是一种由叠涩到斗拱的过渡形式。两塔各层腰檐之叠涩菱牙砖之上，平转内凹处，有一皮直线砖压砌平齐。经探索，似为安置搁椽枋之位置。如此则木椽当平出无疑。由于腰檐叠涩菱牙砖下之斜面砖，凸凹参差不齐，原贴之灰泥，亦厚薄不匀，应为隐蔽不露明部位。1988年维修前部分斜面尚留有凸出之直棂，似仿木建筑之天花支条，东塔三、四层对应部位间，抹灰面有贴木纹状遗痕。由此推断，可能在斗拱与檐椽之间尚有一结构层。

寺塔遗物：1970年代在大殿废基后发现了几块宋代的瓦，其中有两块是"重脊滴水"形状花纹都完好，这种"滴水"在目前的遗物中比较少见。自塔下部分开掘的探沟中，掘得红陶及灰陶瓦砾甚多。其中有简瓦、板瓦及重唇滴水瓦之残件，但均欠完整，另有莲瓣饰园瓦当数种，其与寺内遗址中出土者略同，依形制似为唐物。至于塔上原置之脊兽、嫔伽，以及刹部之金属附件等，迄今尚未发现，尚待进一步发掘与研讨。

寺塔遗物

　　至于寺内之瓦件，除于山丘上下拾得若干莲瓣瓦当及重唇滴水瓦残片外，尚收集到红陶胎之彩釉小套兽头，及灰陶之鸱吻残件各一，其造型俱甚精丽，当属寺中早期之遗物。

　　塔北台地上，遗有八角形残石柱二段，上隐刻有"住……"字样，另有八边形顶盖一具，其年代恐不早于元代。据县志载，山门在双塔之北。现第一层台地上尚余有少量基石，往昔又有柱础及地砖出土，故此说甚属可信。又东塔之北，亦发现过大型地砖。再东北有土丘，其中瓦砾堆积甚厚，此次于该处无意间掘得黄黑硫璃兽面残饰一具，形象亦颇生动详实。

2.4 石刻印证

　　东西塔的二层内壁券门上方，各嵌有苏东坡书写的《观自在菩萨如意轮陀罗经》石刻一方，石面已部分风化，尤其东塔危重，现已几乎无法辨认。

西塔石刻现存广教寺西塔石刻位于西塔内第二层西面壁门上方，横向嵌入，四周镶砖框。石刻宽约 46.7 厘米、高约 32.5 厘米，文字尚可辨认，阴刻正楷书体，主要内容包括《观自在菩萨如意轮陀罗尼经》咒文部分、苏轼落款及刻石跋文。西塔现存石刻资料在《安徽通志稿·金石古物考》中有收录。该书记录广教寺第一则拓片资料即为《观自在菩萨如意轮陀罗尼经》，"在宣城县北门外广教寺塔上，拓本高一尺二寸，广一尺五寸二分，十六行，行字不等，正书"，并录有原文。经与实物比对，此则拓片在内容、尺寸、行数、字数、字体、文字书写等方面，与现存实际情况完全一致，确实拓于西塔石刻。其落款为："元丰四年（1081）二月二十七日责授黄州团练副使眉阳苏轼书以赠宣城广教院模上人"。

80 年代制作的西塔拓片

东塔石刻位于塔内第二层西面，字迹剥蚀严重，仅能识读个别文字，与嘉庆《宁国府志》和《安徽金石略》中"塔经火毁，石亦腐不可拓"的记载相符合。东塔石刻宽约 85 厘米、高约 41 厘米。东塔石刻拓片以《如意轮陀罗尼经》之名收录于《北京图书馆藏中国历代石刻拓本汇编》，说明如下："北宋绍圣四年（1097）五月一日刻。石在安徽宣城广教寺塔上，况夔笙旧藏。拓片高 40 厘米，宽 80 厘米。苏轼正书。"东塔石刻拓片内容包括苏轼写经正文、苏轼落款、刻石跋文。其落款为"元丰四年（1081）二月二十七日责授黄州团练副使眉阳苏轼书以赠宣城广教院模上人"。

晚清时期制作的东塔拓片

由于石刻四周灰缝与其他部分一致，应为建塔时砌入，而非后嵌，因此根据刻石上的明确纪年，我们有了了解双塔历史的重要根据。从而，就其本身即是极其宝贵的历史文物外，在广教寺现存文字记载绝少，历代修葺碑记无存的情况下，为正确确立双塔应有的文物价值，起了重大作用。

三、双塔型制论断

佛塔形制自汉晋，南北朝迄于隋、唐初，大体因循未改。我国第一座佛寺——东汉洛阳的白马寺的布局即以大型方木塔为全寺中心，周围廊庑围绕。约自唐代开始佛寺布局发展了以殿为主的形式。塔多位于寺旁、寺后，殿塔并列。宋以后虽有回复，如山西应县佛宫寺（辽代）以塔为中心，多数已经完全为中国式的殿堂院落式布局所代替。

双塔在我国佛教建筑遗物中留存甚少，现知最早实例是广州光孝寺双铁塔，分别建于南汉大宝六年（963）及十年（967），都是高七层具方形平面的仿木楼阁式塔，但体形不大，未可登临。其他如浙江杭州灵隐寺双石塔（建于吴越钱弘俶二十三年，969年），江苏苏州罗汉院双塔（建于北宋太平兴国七年，982年），福建泉州开元寺双石塔（建于南宋淳祐年间，1241—1252年），平面均作八边形，及至明代，双塔平面又有还复，成方形的，如云南昆明大德寺双塔（建于明成化十三年，1477年），但外观为出密檐式，亦不可登临。宣城广教寺双塔的重要特征之一，就是仍然采用了方形平面及直井式塔心室，即还保存了自汉、晋、南朝迄唐、五代传统佛塔的古意。同时，它们本身又是可供登临的此类双塔的最早实例。

从现存双塔实例分析，双塔在总平面中布置方式主要有以下几种：

1. 双塔位于寺内大殿前方，在中轴线的两侧；实例如杭州灵隐寺双石塔，广州光孝寺双铁塔（五代南汉）及泉州开元寺双塔。

2. 双塔位于佛寺山门前主轴线两侧；实例如山西平定天宁寺东西双塔并列山门前（宋初建）及本文论及的广教寺双塔，上海南翔寺双塔等。

3. 双塔位于寺内中轴线上呈前后排列的形式实例如山西永祚寺双塔，一塔在中殿之前，一塔在大殿之前成为二个前塔后殿的布局方式。另外如山西阳城龙泉寺（建于唐）山门内建一座塔后又建一座明代塔均在大殿之前，双塔前后排列。

4. 双塔位于寺外侧或另辟塔院的；实例如北京房山云居寺南北二塔（建于辽）。

我国已知的现存双塔约 30 余处。据考证，多数建于唐以后。唐宋时期的双塔制度主要是寺院山门前并列双塔及大殿前二侧双塔。广教寺双塔布局即属唐宋时较典型的方式。进行实地踏勘，双塔北面的台地上余少量基石和大量的砖及散有柱础出土。据双塔保护人员说，在第一层台地的北面有大石雕像。且东北有土丘其中瓦砾很厚，东塔以北也发现过大型地砖。又根据双塔底层立面门洞大小比较，双塔相对之门洞较其他方向门洞略宽。可以断定双塔建造时间（初建）应在唐宋之时而非明后。

广教寺双塔是砖造楼阁式塔，我国楼阁式塔的历史发展过程大致可分为三个阶段（元、明以前）：东汉至南北朝时期；隋唐时期；五代、两宋时期。从材料的使用与历史发展来看，自东汉经南北朝乃至隋唐时期是我国木结构技术的上升与发展阶段。砖结构技术尽管在秦时就有了很大的发展，但到唐代砖造楼阁式塔也并未完全取代木楼阁式塔而成为发展的主流。材料的变化与材料本身性能及环境气候有关，尤其在我国多雨的江南，砖木混合材料，砖身木檐的楼阁式塔在两宋时有了很大的发展而成为楼阁式塔的主流。广教寺双塔就属这种类型。特殊的是即使是木构部分如该塔檐部腰檐结构，主要承重作用的仍是砖体而非木构。

具体形制特征上，隋唐时期的楼阁式塔基本上继承了魏、晋、南北朝时期的形制特征，方形平面、空筒结构，叠涩出檐，收檐不施瓦葺等。立面斗拱的出现与使用标志着我国木结构梁架系统乃至高层（塔）技术方面的成熟与完善。尽管它的出现使该时期楼阁式塔与以往任何时期的楼阁式塔有了明显的不同，说明，我国楼阁式塔艺术创作在解决结构与装饰矛盾上的一次突破。陕西西安的兴教寺玄奘塔是我国现存最早的一座带有斗拱雕饰的楼阁式塔，在它的引导下，宋代又有了很大发展。

继唐以后，五代十国的并列割据及频繁的战争导致我国经济中心的南移，后周世宗的毁佛灭度更使佛教中心转到了南方。两宋之时，尤其是长江、珠江三角洲一带修寺建塔的活动方兴未艾。

五代，两宋时期遗存的楼阁式塔实例很多。平面主要是八角形、六角形，材料以砖石塔或砖木塔居多。方形平面较少，上海松江方塔就是方形。此时期佛塔主体结构主要有三种类型：第一种是沿用唐以前的形式，外壁砖石砌筑中空，上下贯通，各层设木楼梯上下联系。实例如苏州罗汉院双塔等；第二种，整个塔为实心，沿塔身上登回旋至顶层。河南开封佑国双塔，河北定县开元寺料敌塔等。有的塔心柱内又设寺塔主体结构属此类；第三种，在砖砌塔身外壁内又塔心室，如苏州虎丘塔。立面上看，这时期的楼阁式设砖构塔心柱，之间没回廊。实例如福建泉州开元寺塔一般都设有平坐，各层腰檐多施瓦葺，腰檐结构为主。

关于楼阁式塔立面转斗拱做法：一是砖叠涩作为承重体，叠涩檐上施瓦葺，与唐塔叠涩及叠涩收檐明显不同；另一种是纯粹的木椽、斗拱腰檐结构，上施瓦葺。此时期的檐下斗拱较隋唐时期复杂得多。不仅在壁面正心缝上隐出斗、阑额、门、窗等部件，大多数斗拱自壁面出挑一至二跳。平坐下使用斗拱也逐渐增多。出檐加大，砖、石塔仿木楼阁程度愈来愈彻底。这个时期是我国砖木楼阁式塔的成熟阶段，虽然经元代到明朝砖石塔有了进一步发展，与两宋相比则显得过于纤巧繁琐或简单化了。

与同时代的楼阁式塔相比较，广教寺双塔表现出该时代塔的许多共性，如腰檐施瓦葺，设斗拱出跳，圆形倚柱、破子棂假窗等，同时又有其特殊的地方，方形平面与空筒结构的结合及砖、木混合的腰檐与平坐构成方式（见双塔腰檐构造图）广教寺双塔腰檐，为叠涩砖（"板牙"砖）间隔出檐，上部遗有椽孔，显然主要承重部分为砖构，但椽木又有一定辅助结构作用，推测是用来加大出檐，而檐下斗拱（木）却在"板牙"叠涩砖体的下方，与楞木不发生关联，仅作装饰作用。双塔平坐部分的构造也是同样原理。广教寺双塔的这种特点说明了结构与装饰的分离，也充分证明了广教寺双塔的形制出现必然是在我国楼阁式塔的成熟阶段。

广教寺双塔所在的皖南，现存的楼阁式塔主要是宋代和明清时建造。有佛塔、风水塔。现存宋代楼阁式塔主要有：歙县长庆寺塔（方形七级）；新州石塔（八面五级）；祁门县六都安丰庵佛汐塔（六面五级）；广德县天寿寺塔（六面七级）；泾县大观塔（八面七级）；小方塔（四面七级）；宁国仙人塔（六面七级）；宣城景德寺塔（六面九级）及宣城广教寺双塔。这些塔多为砖造六边或八边形塔。方形平面有三例，即歙县长庆寺塔、泾县小方塔和宣城广教寺双塔。歙县长庆寺塔也是寺废塔存实例，塔台基为较高的石座，外观楼阁式七级。据《歙县志》载，塔建于北宋徽宗重和二年，而塔刹残件上有铭文"大宋重和二年 1119"字

样，据实测，该塔最下层塔身仅 2.90 米宽。每面中央有宽 0.6
米、高 1.6 米的圆券门道。方形塔心室，有须弥座台基及三层仰
莲的佛座，原佛像已佚。自二层起，自塔壁隐出假门。檐下施多
层涩砖与牙砖。未见斗拱。塔檐伸出较远。初建于南宋的泾县小
方塔和广教寺双塔一样也是采用涩砖、牙砖叠涩出檐，另外祁门
县六都安丰庵佛汐塔，广德县天寿寿塔及宣州景德寺塔等，多数
塔檐还遗有椽孔，檐腰构造与广教寺双塔类似。在明代楼阁式塔
中，也有相似做法，如宣城城关龙首塔，水阳镇龙溪塔等，这塔
已属风水塔。只是明代诸塔腰檐与宋塔腰檐有明显区别明塔腰檐
虽有叠涩但多数平直僵硬，两端没有生起出檐较小，檐表面平
整，手法简洁，灰缝也多为石灰、砂等混合材料。由此可见，采
用涩砖"牙"砖出檐的式为皖南宋后楼阁式塔腰檐的较为普遍的
一种做法，可以说是地方手法、特色。在皖纯粹采用木构腰檐的
宋塔实例罕见，或许是因为地理环境，尚未确知。这与江浙一带
的宋塔有区别。

　　值得一提的是位于广德的天寿寺塔，该塔建于1102 年，腰檐
结构更为特殊，于叠涩砖体上方设斗拱以承椽。是属特例，还是
后人更改所致尚未明了。它和广教寺双塔腰檐结构既相似又有区
别，但是它们都反映了楼阁式塔由砖叠涩腰檐与木构腰檐结合发
展过程中的一种过渡形式。假定广德天寿寺塔的腰檐结构方式确
为其始建时原貌，则广教寺双塔应先于天寿寺塔而建。而实际
上，从平面形制与腰檐构造上也确实先于天寿寺塔。天寿寺塔平
面为六边形，腰檐已纯属木构。

　　至于采用空筒式砖构塔体，在皖南宋甚至明塔中更屡见不
鲜。究其缘由，皖南诸塔，多数规模较小，底边长2—3 米，似无

必要设置塔心柱，以解决结构问题。明代砖塔较唐宋时期砖塔出檐较小的原因应与明代建筑材料发展有关。如琉璃瓦、石灰的使用，使塔体本身防水防湿能力有了一定的提高，因而遮风挡雨的腰檐得到了进一步简化。

更进一步的双塔的出檐处理，也很特殊，在国内甚为少见。他的出檐大体由斗拱、涩砖（包括砌成斜面之涩砖牙砖及斜涩砖）与水平之木椽组成。这里起主要悬挑作用的仍是涩砖，其下形制简单的斗拱，仅用来作仿木构形式的装饰。这种出檐结构的方式，实质上是还依循了唐代砖塔的常法，建于总章二年（669）的西安兴教寺玄奘法师塔与咸通七年（866）的山西运城寿圣寺墓塔，都可为此提供佐证。它们与广教寺双塔的区别，乃是后者的叠涩变得更加富于装饰性。从结构演变的角度来看，则可认为是一种由叠涩到斗拱的过渡形式。

另一引人注意的，是自二层起位于券门内壁下之凹槽，它们在平面上相交如井字，并穿过塔壁延伸到平座（在各隅柱下，亦有45°斜出的槽孔），其上皮适与披水砖面平齐。由于木构件不宜暴露在外，所以应排除其为砖砌体中木骨的可能，估计这伸出墙外的部分，是作为施工时临时脚手架的支承，使用后即截除，再补砌以砖。如此假定成立，则这种将楼板枋梁与施工脚手支承相结合的方法，即节约材料又便利施工，可算得是我国古代建筑营造学中的一项巧作。

二塔在其轴线方位、平面尺度、基础构造以及详部手法方面，仍存在若干差别，这也许与建塔时间的先后和操执斤斧的匠师有关。但它们总的造型风格和结构方式，却是完全一致的。根据所表现出来的建筑、结构、构造和艺术各方面的特点，皖南宋

广教寺双塔形制研究

楼阁式塔（砖木）形制上较多地体现出唐代楼阁式塔的风格，广教寺双塔无论从平面形式、腰檐结构还是材料使用上都属塔中形制最古朴的一例。它的始建年代与前文据石刻经文推测的北宋之时（1096）应基本吻合。广教寺双塔的形制特征代表了我国中东地区楼阁式砖塔历史发展的一个重要环节和阶段，是不可多得的珍例。

所以从二塔的平面、外观、结构和建筑细部手法来看，应该是宋代建筑。据清嘉庆《宁国府志》记载，广教寺在宋太宗时，封建帝王曾赐御书，著名的诗人梅尧臣为记，梅是宣城人，著有《宛陵集》。那么这个寺在宋代应该是有相当地位的寺院了。现在从东西两塔所嵌的苏轼的手书刻石上面的署款均为"元丰四年二月二十七日责授黄州团练副使眉阳苏轼书以赠宣城广教院模上人"。宋神宗元丰四年（1081），苏轼书经赠广教寺的大和尚，这个墨迹就藏在寺中。再根据二刻石的后跋上所说："绍圣三年元月旦日宛陵乾明寺楞严讲院童行徐怀义摹刊普劝众生同赠善果"。则知道过了15年到宋绍圣三年（1096）乾明寺楞严讲院的徐怀义把它摹刻上石，而又将二石分别置于东西二塔上。这件事是与双塔建造年代有着密切的关系。在佛教中有"陀罗尼可以安高幢上，或安高山，或安楼上乃至堵波（塔）……"更可以"于四衢道造堵波，安置陀罗……"的记载。而这两座塔的形制又较小，比幢高得也不太多，放在广教寺的通衢大道口，用它来置陀罗尼经，这种处理的方法、与佛书上所说的是一致的。另一方面苏轼用他所书的经藏之名山，也是过去僧侣与文人互相吹捧标榜的一种手段。塔内壁粉刷部分也已脱落。外壁剥蚀得更甚，从已呈露的地方来看，砖的尺寸并非一致，但是都是属于建造时的原物因此，从塔的形制，结构和细部手法再和这二刻石来相证明，在没有发现其他记载之前，我们初步鉴定它是北宋绍圣三年（哲宗十二年，1096 年）所建。

广教寺双塔现状勘测结果叙述

1. 工程概述

广教寺双塔，位于安徽省宣城市城北 2.5 公里的敬亭山麓，为一对比肩并立的姐妹塔，建于北宋绍圣三年，双塔平面是四方形，相距约三十米，东塔比西塔略大些，各有七层，高十七余米，在底层东塔和西塔三面开门，以上各层四面开门，塔为半木檐、半楼板，没有塔心柱和其他建筑装饰，塔内面积较小，各层用木梯相通，双塔顶部已残缺。

广教寺双塔是研究我国古代建筑和历史发展的一个较重要的实物，是安徽省的一座重要文物建筑，被列为全国重点文物保护单位。为了给双塔维护加固提供准确的基础数据，宣城市文物局委托江苏省工程勘测研究院有限公司于 2006 年 7 月 6 日至 2006 年 7 月 11 日对广教寺双塔进行了倾斜量测量。

2. 作业依据

（1）《国家三、四等水准测量规范》GB12898—91

（2）《建筑变形测量规程》JGJ/T8—97

（3）《城市测量规范》CJJ8—99

（4）《工程测量规范》GB50026—93

（5）《中短程光电测距规范》GB/T16818—97

（6）《测绘产品检查验收规定》CH1002—95

3．测绘基准

坐标系统：宣城地方坐标系

高程系统：假设高程系

4．设备资源

为了保证观测的精度及可靠性，所使用的设备均经江苏省质量技术监督水利工程测绘仪器计量站检定为合格；设备主要有①拓普康GTS701全站仪，测角精度2″，距离测量标称精度2毫米+2ppm；②威尔特T2经纬仪，测角精度2″；③苏一光DSZ2自动安平水准仪，每公里往返测量的标准偏差≤±2.5毫米；为保证观测成果的可靠性，每天工作前均对全站仪、经纬仪的C值、棱镜基座的对点误差、水准仪的i角进行了检校。

5．作业方法

5.1 作业流程

5.2 平面控制网建立

5.2.1 控制网点布设

限于双塔附近的地形条件，参照规程、规范要求，在双塔四周布设了四个临时性标志，作为测量的基准点，并构成网状。网

型结构见下图

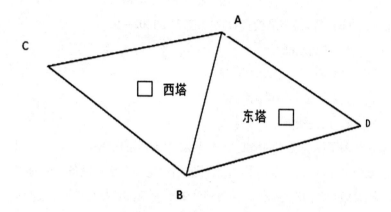

5.2.2 平面控制网的联测

（1）本工程采用了二级导线网的布网形式，并将 A、B 两点联测到宣城地方坐标系中，联测点为安徽省宣城市城建测量队提供的太白像、广场两个点，然后以 A、B 点作为控制网的已知点，使用北京清华山维新技术开发有限公司的 NASEW 软件对观测的边角网进行平差计算，解算出 C、D 二点宣城地方坐标。

（2）水平角测量按方向观测法，三个测回，距离测量一组，每组四次读数。

5.2.3 高程点的联测

以 A 点为起算点，联测了 C、B、D 点以及双塔的塔基上、塔基下的高程；其中 A 点的假设高程值为 10.000 米。

5.3 观测点布设

由于无法直接测定塔中心的倾斜量，本次通过选定的第一层、第四层、第七层塔身同一平面位置四个角点间接测定，解算出倾斜量。

5.4 倾斜测量

5.4.1 观测点位置选择

本次分别在每座塔的第一层、第四层、第七层各层的同一平面上镶入钢钉作为观测点，共布设观测点 24 个。

西塔：第一层布设在塔的底部塔座上，第四层布设的测点高度在塔座以上 9.72 米处，第七层布设的测点高度在塔座以上 16.16 米处。

东塔：第一层布设在塔的底部塔座上，第四层布设的测点高度在塔座以上 10.04 米处，第七层布设的测点高度在塔座以上 16.64 米处。

5.4.2 观测点的观测

观测点的测量：由于地形条件限制，本次采用了以单三角形前方交会法为主、极坐标法检查为辅的方法。前方交会法、极坐标法水平角观测均为三个测回，极坐标法距离测量一组，四次读数，使用北京清华山维新技术开发有限公司的 NASEW 软件进行观测点的坐标值计算。

5.5 塔高的观测

在 A、D 点采用三角高程法测出双塔塔高。

西塔：由于塔顶已残缺，本次测定位置为塔东边线的最高处。

东塔：由于塔顶已残缺，本次测定位置为塔东边线的最高处。

5.6 资料整理分析

5.6.1 各观测层中心坐标的解算

利用双塔第一层、第四层、第七层的观测点坐标，使用南方CASS6.0成图软件在同一幅图中绘制出观测的三层测点平面投影图，用图解法量出各观测层的中心坐标。

5.6.2 倾斜量计算

根据图解法量出的双塔各观测层中心坐标，用解析法计算出各塔的第四层、第七层相对于塔座中心的倾斜量、倾斜方向。

6. 观测质量简述

6.1 平面控制网精度

本工程平面控制网由二个三角形组成，二个三角形的角度闭合差均为：+4″，二条附合导线的精度分别为1/114349、1/147535，平差后控制网中最大点位误差为0.51毫米，最大点间误差为0.51毫米，最大边长比例误差为1/91900，观测的各项限差均符合规程、规范要求。

6.2 观测点精度

观测点的精度主要是通过交会法与极坐标法两种不同方法测定的数值进行评定，经综合评定测点中误差为±1.65毫米，符合相关精度要求。

6.2.1 双塔测点精度统计

（1）西塔

①西塔第一层观测点前方交会法、极坐标法坐标值比较

点号 / 观测方法	前方交会法 X/Y（m）	极坐标法 X/Y（m）	差值 X/Y（mm）	点位误差 mm	备注
1	8318.079	8318.079	0	0.00	
	8570.475	8570.475	0		
2	8317.480	8317.479	+1	1.00	
	8572.769	8572.769	0		
3	8315.228	8315.227	+1	1.41	
	8572.259	8572.258	+1		
4	8315.768	8315.767	+1	1.41	
	8569.974	8569.975	−1		

②西塔第四层观测点前方交会法、极坐标法坐标值比较

点号 / 观测方法	前方交会法 X/Y（m）	极坐标法 X/Y（m）	差值 X/Y（mm）	点位误差 mm	备注
1	8317.959	8317.958	+1	3.16	
	8570.619	8570.622	−3		
2	8317.479	8317.478	+1	1.41	
	8572.685	8572.684	+1		
3	8315.421	8315.419	+2	3.61	
	8572.232	8572.229	+3		
4	8315.879	8315.879	0	1.00	
	8570.151	8570.152	−1		

③西塔第七层观测点前方交会法、极坐标法坐标值比较

观测方法\点号	前方交会法 X/Y（m）	极坐标法 X/Y（m）	差值 X/Y（mm）	点位误差 mm	备注
1	8317.807	8317.807	0	3.00	
	8570.774	8570.771	+3		
2	8317.397	8317.395	+2	3.61	
	8572.534	8572.531	+3		
3	8315.682	8315.681	+1	1.41	
	8572.128	8572.127	+1		
4	8316.048	8316.048	0	1.00	
	8570.432	8570.433	−1		

（2）东塔

①东塔第一层观测点前方交会法、极坐标法坐标值比较

观测方法\点号	前方交会法 X/Y（m）	极坐标法 X/Y（m）	差值 X/Y（mm）	点位误差 mm	备注
1	8311.638	8311.637	+1	1.00	
	8598.937	8598.937	0		
2	8311.018	8311.019	−1	2.24	
	8601.515	8601.513	+2		
3	8308.464	8308.464	0	2.00	
	8600.896	8600.898	−2		
4	8309.067	8309.067	0	0	
	8598.341	8598.341	0		

②东塔第四层观测点前方交会法、极坐标法坐标值比较

点号 观测方法	前方交会法 X/Y（m）	极坐标法 X/Y（m）	差值 X/Y（mm）	点位误差 mm	备注
1	8311.623	8311.621	+2	2.82	
	8598.864	8598.866	−2		
2	8311.020	8311.019	+1	2.24	
	8601.256	8601.258	−2		
3	8308.682	8308.682	0	1	
	8600.694	8600.693	+1		
4	8309.242	8309.239	+3	3.61	
	8598.302	8598.304	−2		

③东塔第七层观测点前方交会法、极坐标法坐标值比较

点号 观测方法	前方交会法 X/Y（m）	极坐标法 X/Y（m）	差值 X/Y（mm）	点位误差 mm	备注
1	8311.459	8311.456	+3	4.24	
	8598.873	8598.876	−3		
2	8311.021	8311.020	+1	2.23	
	8600.882	8600.884	−2		
3	8308.962	8308.962	0	3.00	
	8600.407	8600.410	−3		
4	8309.456	8309.454	+2	2.24	
	8598.356	8598.357	−1		

6.2.2 各层中心坐标精度统计

双塔各观测层中心坐标精度求解：将第一层、第四层、第七层由前方交会、极坐标计算出的观测点坐标，利用南方 CASS6.0 成图软件绘制到同一张投影图上，用图解法分别量出的两种方法测定的中心坐标，再进行比较，经统计计算塔中心的点位误差为 ±1.29 毫米，符合相关精度要求。

（1）西塔各层前方交会、极坐标图解中心坐标值比较

层号 观测方法	前方交会法 X/Y（m）	极坐标法 X/Y（m）	差值 X/Y（mm）	点位误差 mm	备注
第一层	8316.630	8316.629	+1	1.00	
	8571.382	8571.382	0		
第四层	8316.686	8316.685	+1	1.00	
	8571.428	8571.428	0		
第七层	8316.714	8316.713	+1	1.41	
	8571.470	8571.469	+1		

（2）东塔各层前方交会、极坐标图解中心坐标值比较

层号 观测方法	前方交会法 X/Y（m）	极坐标法 X/Y（m）	差值 X/Y（mm）	点位误差 mm	备注
第一层	8310.040	8310.041	−1	1.00	
	8599.923	8599.923	0		
第四层	8310.137	8310.134	+3	3.16	
	8599.789	8599.790	−1		
第七层	8310.240	8310.239	+1	2.24	
	8599.622	8599.624	−2		

6.3 不同方法测定的倾斜量精度比较

根据双塔各层用前方交会法、极坐标法图解的中心坐标值，用解析法计算的第四层、第七层倾斜量、倾斜方向比较如下：

（1）西塔各层前方交会、极坐标计算的倾斜量、倾斜方向比较

观测方法 〉层号	前方交会法		极坐标	差值	至塔座上高度（m）
	倾斜量（mm）	倾斜方向（°′″）	倾斜量（mm）	倾斜量（mm）	
第四层	72	46 19	73	−1	9.718
第七层	122	56	121	+1	16.161

（2）东塔各层前方交会、极坐标计算的倾斜量、倾斜方向比较

观测方法 〉层号	前方交会法		极坐标	差值	至塔座上高度（m）
	倾斜量（mm）	倾斜方向（°′″）	倾斜量（mm）	倾斜量（mm）	
第四层	165	303 36	162	+3	10.038
第七层	361	08	359	+2	16.642

6.4 塔高的计算

由于双塔塔顶已残缺，塔高只能测出近似值，在观测时西塔、东塔各进行了一次观测。

7. 结论

7.1 塔高

西塔塔高：塔座（地面至座上）高度为 0.689 米，塔座上至第七层测点的高度为 16.161 米，第七层测点至塔顶高度为 1.019 米；西塔相对于地面的高度为 17.869 米。

东塔塔高：塔座（地面至座上）高度为 0.687 米；塔座上至第七层测点的高度为 16.642 米，第七层测点至塔顶高度为 0.534 米；东塔相对于地面的高度为 17.863 米。

7.2 倾斜量、倾斜方向

（1）西塔倾斜量、倾斜方向：从塔座向上 9.718 米处，倾斜量为 72 毫米，从塔座向上 16.161 米处，倾斜量为 122 毫米，倾斜方向的方位角 46°19′56″（北偏东）。

（2）东塔倾斜量、倾斜方向：从塔座向上 10.038 米处，倾斜量为 165 毫米，从塔座向上 16.642 米处，倾斜量为 361 毫米，倾斜方向的方位角 303°36′08″（北偏西 56°23′52″）。

一、控制测量成果表

坐标系统：宣城地方坐标系　　　　高程系统：假设高程系

点号	点名	X（m）	Y（m）	H（m）	备注
1	A	3428325.413	498587.058	10.000	
2	B	3428298.184	498579.467	9.237	
3	C	3428307.829	498614.511	10.832	
4	D	3428322.325	498549.945	10.438	

二、各层测点成果表

1. 西塔各层测点成果表

坐标系统：宣城地方坐标系　　　　高程系统：假设高程系

层号	点名	X（m）	Y（m）	相对塔座上高度（m）	备注
第一层	1	8318.079	8570.475	0	
	2	8317.480	8572.769		
	3	8315.228	8572.259		
	4	8315.768	8569.974		
第四层	1	8317.959	8570.619	9.718	
	2	8317.479	8572.685		
	3	8315.421	8572.232		
	4	8315.879	8570.151		
第七层	1	8317.807	8570.774	16.161	
	2	8317.397	8572.534		
	3	8315.682	8572.128		
	4	8316.048	8570.432		
第一层中心		8316.630	8571.382	0	
第四层中心		8316.686	8571.428	9.718	
第七层中心		8316.714	8571.470	16.161	

2. 东塔各层测点成果表

坐标系统：宣城地方坐标系　　　　　　高程系统：假设高程系

层号	点名	X（m）	Y（m）	相对塔座上高度（m）	备注
第一层	1	8311.638	8598.937	0	
	2	8311.018	8601.515		
	3	8308.464	8600.896		
	4	8309.067	8598.341		
第四层	1	8311.623	8598.864	10.038	
	2	8311.020	8601.256		
	3	8308.682	8600.694		
	4	8309.242	8598.302		
第七层	1	8311.459	8598.873	16.642	
	2	8311.021	8600.882		
	3	8308.962	8600.407		
	4	8309.456	8598.356		
第一层中心		8310.040	8599.923	0	
第四层中心		8310.137	8599.789	10.038	
第七层中心		8310.240	8599.622	16.642	

广教寺双塔保护与研究

广教寺双塔保护修缮研究

一、广教寺双塔概况

宣城广教寺现寺院已毁，尚余两座方塔孤峙于寺前缓平之坡地上。双塔形制古朴，外观秀逸，1956 年广教寺双塔被安徽省人民政府公布为省级文物保护单位，1988 年又被国务院公布为第三批全国重点文物保护单位。

1988 年宣州市对双塔进行了现状加固维修，2011 年安徽省文物保护中心受宣城市文物局委托对双塔进行了测绘、收集文献和相关历史修缮资料，并咨询相关人员对双塔的保护维修进行了探讨，在此基础上制定出了广教寺双塔保护维修方案。

1.1 广教寺双塔

有关广教寺双塔之文献资料，历代载述更少，亦无历代修葺碑记。但东西塔二层内壁，于拱门上方各嵌有苏东坡书写的《观自在菩萨如意轮陀罗尼经》，刻石是横长方形，书体是正楷。东塔的一块剥蚀得比较厉害，西塔的一块，在四缘还装配着砖框。刻石上面的署款均为"元丰四年二月二十七日责授黄州团练副使眉阳苏轼书以赠宣城广教院模上人"。这二刻石从嵌法来看，应是建塔时砌入而非后来补入的，二刻石的后跋为："绍圣三年六月旦日宛陵乾明寺楞严讲院童行徐怀义摹刊于石普劝受持同赠善果"。

唐及宋初诸多文献，均无双塔记载。梅尧臣《宛陵集》中，相关广教寺的诗文颇众，却也未提及双塔。据以上所述再结合双塔的建筑特征，推测双塔建于北宋哲宗绍圣三年（1096）。

依据嘉庆二十年《宁国府志》，其列于卷首之《敬亭山图》，双塔已颓然无顶刹。上海博物馆收藏的梅清（明末清初人）"双塔画"中的双塔亦没有顶刹。由此推断，那时的双塔顶刹已毁。1988年对双塔进行修缮时采用现状加固的修缮措施，没有恢复塔刹。

广教寺双塔保护与研究

嘉庆《宁国府志》敬亭山图中的双塔

上海博物馆收藏的梅清《敬亭霁色图》中的双塔

1.2 广教寺双塔的价值

（1）历史价值

宣城广教寺双塔为仿木楼阁式砖塔，空筒式结构，采用四方形平面，是我国可登临双塔的最早实例，也是我国现存唯一的此类宋塔实物，具有极高的历史价值。此外，广教寺双塔东西塔的二层内壁券门上方，各嵌有苏东坡书写的《观自在菩萨如意轮陀罗经》石刻，本身是极其宝贵的历史文物。在广教寺现存文字记载绝少，历代修葺碑记无存的情况下，为确立双塔的建造年代起了重大作用。

（2）艺术价值

广教寺双塔的外形比例协调，曲线柔美，手法简洁，具有较高的艺术、观赏价值。

（3）科学价值

广教寺双塔的出檐处理是一种由叠涩都斗拱的过渡形式，为研究我国塔类建筑的演变过程提供了重要的实物资料，具有极高的科学研究价值。另外，双塔建筑现存不同时期的广教寺遗存及其组成的寺院格局，为研究我国佛教文化及寺院布局的变化发展过程提供了重要的素材。

（4）社会价值

广教寺双塔作为宣城市重要的文化遗产，已成为敬亭山风景区的重要景点，是宣城重要的人文旅游资源，也是宣城悠久历史的见证，"上江人文之盛首宣城"的重要实物表现。

二、广教寺双塔的病害勘察与成因分析

2.1 广教寺双塔的病害勘察

2.1.1 塔体病害勘察

（1）基础、台基

塔基基本完好，塔身未发现明显裂缝、倾斜。阶基、踏道为1988年后维修，作为保护砖基础的临时措施添加，现状态较好。

（2）塔身

经过现场勘察，广教寺双塔塔身的主要残损病害表现为：

①雨水侵蚀，塔顶、塔壁渗漏；

②腰檐、平座叠涩砖脱落；

③塔体，尤其底层塔体承受重力、压力裂缝；

④塔体砖墙、塑像酥碱；

⑤塔内石刻风化严重；

⑥双塔底层潮湿；

⑦塔体木构件糟朽；

⑧鸟的粪便对塔砖、木楼板的腐蚀、污染；

⑨塔体的植物、微生物病害等。

（3）塔顶

七层残垣，1988 年维修时保持残垣之现状。现部分砖松动，灰缝有不同程度的风化。

为防止雨雪直接淋入塔心室，1988 年维修采用了砼楼板处理，楼板中央设上人孔，覆雕花孔盖。

西塔雨天七层塔室内存有积水，因排水不畅，雨水从七层的圆形上人孔渗入六层，对六层塔壁造成一定程度的水害。

（4）楼板

各层木楼板，西东两塔以顺、逆时针方向，两两相对地在各层置方形上人孔，并采用"一字"木爬梯，以供上下，木构表面均刷以生桐油。1988 年维修新制，保存状态较好。

因塔券门开敞，鸟常栖息于此，鸟的粪便对木楼板造成腐蚀、污染。

（5）排水

七层砼楼板做泛水板，预埋镁锌管接出屋顶部分承受的雨雪水外排。

1988 年维修时于阶基土衬石外围设置了地漏、暗沟、窨井及涵管。令其有一定的排水坡度，地面地下水流汇集后向南，直接排出拟建中的塔院以外。

（6）避雷

为使双塔经修缮后能够具备防雷能力，避免再受雷击，1988 年按国家 I 级防雷设计规范进行了铜质避雷体系设计。引下线则采取隐蔽做法，由塔内壁延下。

现状残损病害表

建筑名称	残损现状	残损量	原因分析
广教寺双塔——西塔	见分项说明		
分项			

部位	构件	材质	残损现状	残损量	原因分析
基础	台基	砖	西塔底层潮湿，阶基、踏道为1988年后维修作为保护砖基础的临时措施添加，现状态较好。	底层地面。	1. 西塔底层台明泛水坡度不够，造成水倒灌入塔。
一层	塔壁	砖	雨水侵蚀，塔壁渗漏，塔体砖墙、塑像酥碱。塔体开裂。	1. 塔壁酥碱20%。2. 塑像全部残损、酥碱。3. 塔壁有5条裂纹，宽1—2毫米。	1. 1988年更换的部分砖，含砂率高，抗压，抗弯强度不足，受重力剪压破坏。2. 年久的风化、雨水渗透、日晒、冻融等。3. 砖的自身材质问题等造成的。
	木构件	木	塔体木构件糟朽。	80%糟朽。	木构件处在露天的环境下，水对它的影响较严重。
	爬梯	木	爬梯保存较好。	—	木构表面均刷以生桐油。

续表

建筑名称			残损现状	残损量	原因分析
广教寺双塔——西塔			见分项说明		
分项					
部位	构件	材质	残损现状	残损量	原因分析
二层	塔壁	砖	塑像酥碱。	塑像全部残损、酥碱。	年久的风化、雨水渗透、日晒、冻融等。
	腰檐	砖	叠涩砖残损脱落。	1. 腰檐残损约20%。 2. 平座15块。	1. 主要原因为砖的风化造成的断裂。 2. 现状结构上存在不合理性。
	石刻	石	塔内石刻风化严重。	风化严重，几近不存。	1. 年久的风化、雨水渗透、环境的潮湿。 2. 石刻的自身材质问题。
	木构件	木	塔体木构件糟朽。	80%糟朽。	木构处在露天的环境下，水对它的影响较严重。
	平座	砖	青苔。	约90%。	雨水使平座的砌砖变得湿润，为青苔的生长提供了合适的环境。
	楼板、爬梯	木	爬梯保存较好。木楼板被鸟粪腐蚀、污染。	木楼板被腐蚀约40%。	塔券门开敞，鸟常栖息于此，鸟粪便里的酸性物质具有较强的腐蚀作用。

广教寺双塔保护修缮研究

续表

建筑名称	残损现状	残损量	原因分析
广教寺双塔——西塔	见分项说明		

分项					
部位	构件	材质	残损现状	残损量	原因分析
三层	塔壁	砖	雨水侵蚀，塔壁渗漏，塔体砖墙、塑像酥碱。	1. 塔壁残损30%。 2. 塑像全部残损、酥碱。	1. 年久的风化、雨水渗透、日晒、冻融等。 2. 砖的自身材质问题等造成的。
	腰檐	砖	叠涩砖残损脱落。	1. 腰檐残损约20%。 2. 平座22块。	1. 主要原因为砖的风化造成的断裂。 2. 现状结构上存在不合理性。
	木构件	木	塔体木构件糟朽。	80%糟朽。	木构处在露天的环境下，水对它的影响较严重。
	平座	砖	青苔。	约90%。	雨水使平座的砌砖变得湿润，为青苔的生长提供了合适的环境。
	楼板、爬梯	木	爬梯保存较好。木楼板被鸟粪腐蚀、污染。	木楼板被腐蚀约40%。	塔券门开敞，鸟常栖息于此，鸟粪便里的酸性物质具有较强的腐蚀作用。

续表

建筑名称	残损现状	残损量	原因分析
广教寺双塔——西塔	见分项说明		

			分项		
部位	构件	材质	残损现状	残损量	原因分析
四层	塔壁	砖	雨水侵蚀，塔壁渗漏，塔体砖墙、塑像酥碱。	1. 塔壁残损25%。 2. 塑像全部残损、酥碱。	1. 年久的风化、雨水渗透、日晒、冻融等。 2. 砖的自身材质问题等造成的。
	腰檐	砖	叠涩砖残损脱落。	1. 腰檐残损约30%。 2. 平座32块。	1. 主要原因为砖的风化造成的断裂。 2. 现状结构上存在不合理性。
	木构件	木	塔体木构件糟朽。	80%糟朽。	木构处在露天的环境下，水对它的影响较严重。
	平座	砖	青苔。	约90%。	雨水使平座的砌砖变得湿润，为青苔的生长提供了合适的环境。
	楼板、爬梯	木	爬梯保存较好。木楼板被鸟粪腐蚀、污染。	木楼板被腐蚀约50%。	塔券门开敞，鸟常栖息于此，鸟粪便里的酸性物质具有较强的腐蚀作用。

建筑名称			残损现状	残损量	原因分析
广教寺双塔——西塔			见分项说明		
分项					
部位	构件	材质	残损现状	残损量	原因分析
五层	塔壁	砖	雨水侵蚀,塔壁渗漏,塔体砖墙、塑像酥碱。	1. 塔壁残损25%。 2. 塑像全部残损、酥碱。	1. 年久的风化、雨水渗透、日晒、冻融等。 2. 砖的自身材质问题等造成的。
	腰檐、平座	砖	叠涩砖残损脱落。	1. 腰檐残损约15%。 2. 平座24块。	1. 主要原因为砖的风化造成的断裂。 2. 现状结构上存在不合理性。
	木构件	木	塔体木构件糟朽。	80%糟朽。	木构处在露天的环境下,水对它的影响较严重。
	平座	砖	青苔。	约90%。	雨水使平座的砌砖变得湿润,为青苔的生长提供了合适的环境。
	楼板、爬梯	木	爬梯保存较好。木楼板被鸟粪腐蚀、污染。	木楼板被腐蚀约50%。	塔券门开敞,鸟常栖息于此,鸟粪便里的酸性物质具有较强的腐蚀作用。

建筑名称	残损现状	残损量	原因分析
广教寺双塔——西塔		见分项说明	
		分项	
部位	构件	材质	残损现状	残损量	原因分析

部位	构件	材质	残损现状	残损量	原因分析
六层	塔壁	砖	雨水侵蚀，塔壁渗漏，塔体砖墙、塑像酥碱。	1. 塔壁残损25%。 2. 塑像全部残损、酥碱。	1. 年久的风化、雨水渗透、日晒、冻融等。 2. 砖的自身材质问题等造成的。
	腰檐	砖	叠涩砖残损脱落。	1. 腰檐残损约15%。 2. 平座12块。	1. 主要原因为砖的风化造成的断裂。 2. 现状结构上存在不合理性。
	木构件	木	塔体木构件糟朽。	80%糟朽。	木构处在露天的环境下，水对它的影响较严重。
	平座	砖	青苔。	约90%。	雨水使平座的砌砖变得湿润，为青苔的生长提供了合适的环境。
	楼板、爬梯	木	爬梯保存较好。木楼板被鸟粪腐蚀、污染。	木楼板被腐蚀约60%。	塔券门开敞，鸟常栖息于此，鸟粪便里的酸性物质具有较强的腐蚀作用。

续表

建筑名称			残损现状	残损量	原因分析
广教寺双塔——西塔			见分项说明		
分项					
部位	构件	材质	残损现状	残损量	原因分析
七层	塔壁	砖	七层残垣,部分砖松动,灰缝有不同程度的风化。	1. 塔壁残损约50%。	1. 历史残损原貌。 2. 年久的风化、雨水渗透、日晒、冻融等。
	塔顶	砖	塔顶不存。	已不存。	历史残损原貌。
	木构件	木	塔体木构件残失。	已不存。	历史残损原貌。
	平座	砖	青苔,平座叠涩砖脱落。	1. 平座脱落24块。 2. 青苔90%。	1. 主要原因为砖的风化造成的断裂。 2. 现状结构上存在不合理性。 3. 雨水使平座的砌砖变得湿润,为青苔的生长提供了合适的环境。
	楼板、爬梯	水泥	七层楼板采用了砼楼板处理,楼板中央设上人孔。	存在水患。	结构设计不合理,排水管道排水不畅,造成七层雨水滞留形成倒灌,造成水患。

广教寺双塔保护与研究

062

续表

建筑名称			残损现状	残损量	原因分析
广教寺双塔——东塔			见分项说明		
分项					
部位	构件	材质	残损现状	残损量	原因分析
基础	台基	砖	东塔底层潮湿,阶基、踏道为1988年后维修作为保护砖基础的临时措施添加,现状态较好。	底层地面。	1. 西塔底层台明泛水坡度不够,造成水倒灌入塔。
一层	塔壁	砖	雨水侵蚀,塔壁渗漏,塔体砖墙、塑像酥碱。塔体开裂。	1. 塔壁残损约25%。 2. 塑像全部残损、酥碱。	1. 1988年更换的部分砖,含砂率高,抗压、抗弯强度不足,受重力剪压破坏。 2. 年久的风化、雨水渗透、日晒、冻融等。 3. 砖的自身材质问题等造成的。
	木构件	木	塔体木构件糟朽。	80%糟朽。	木构件处在露天的环境下,水对它的影响较严重。
	爬梯	木	爬梯保存较好。	—	木构表面均刷以生桐油。

广教寺双塔保护修缮研究

建筑名称	残损现状	残损量	原因分析
广教寺双塔——东塔	见分项说明		

分项					
部位	构件	材质	残损现状	残损量	原因分析
二层	塔壁	砖	雨水侵蚀，塔壁渗漏，塔体砖墙塑像酥碱。	1. 塔壁残损约15%。 2. 塑像全部残损、酥碱。	1. 底层塔体承受重力、压力，出现裂缝。 2. 年久的风化、雨水渗透、日晒、冻融等。 3. 砖的自身材质问题等造成的。
	腰檐	砖	叠涩砖残损脱落。	腰檐残损约20%，一处钢筋暴露，锈蚀，长5厘米，宽4厘米。	1. 主要原因为砖的风化造成的断裂。 2. 现状结构上存在不合理性。
	石刻	石	塔内石刻风化严重。	风化严重，几近不存。	1. 年久的风化、雨水渗透、环境的潮湿。 2. 石刻的自身材质问题。
	木构件	木	塔体木构件糟朽。	80%糟朽。	木构处在露天的环境下，水对它的影响较严重。
	平座	砖	青苔生长，鸟粪腐蚀、污染。	约90%污染。	雨水使平座的砌砖变得湿润，为青苔的生长提供了合适的环境。

续表

建筑名称	残损现状	残损量	原因分析
广教寺双塔——东塔	见分项说明		

分项					
部位	构件	材质	残损现状	残损量	原因分析
二层	楼板、爬梯	木	爬梯保存较好。木楼板被鸟粪腐蚀、污染。	木楼板被腐蚀约40%。	塔券门开敞，鸟常栖息于此，鸟粪便里的酸性物质具有较强的腐蚀作用。
三层	塔壁	砖	塔体外壁局部砖酥碱，灰缝风化，塑像酥碱。	1. 塔壁残损约10%。2. 塑像全部残损、酥碱。	1. 年久的风化、雨水渗透、日晒、冻融等。2. 砖的自身材质问题等造成的。
	腰檐	砖	叠涩砖残损脱落。	腰檐残损约20%。	1. 主要原因为砖的风化造成的断裂。2. 现状结构上存在不合理性。
	木构件	木	塔体木构件糟朽。	80%糟朽。	木构处在露天的环境下，水对它的影响较严重。
	平座	砖	青苔生长。	约90%污染。	雨水使平座的砌砖变得湿润，为青苔的生长提供了合适的环境。

广教寺双塔保护修缮研究

续表

建筑名称	残损现状	残损量	原因分析
广教寺双塔——东塔	见分项说明		

分项					
部位	构件	材质	残损现状	残损量	原因分析
三层	楼板、爬梯	木	爬梯保存较好。木楼板被鸟粪腐蚀、污染。	木楼板被腐蚀约40%。	塔券门开敞，鸟常栖息于此，鸟粪便里的酸性物质具有较强的腐蚀作用。
四层	塔壁	砖	塔体外壁局部砖酥碱，灰缝风化，塑像酥碱。	1. 塔壁残损20%。 2. 塑像全部残损、酥碱。	1. 年久的风化、雨水渗透、日晒、冻融等。 2. 砖的自身材质问题等造成的。
	腰檐	砖	叠涩砖残损脱落。	腰檐残损约20%。	1. 主要原因为砖的风化造成的断裂。 2. 现状结构上存在不合理性。
	木构件	木	塔体木构件糟朽。	80%糟朽。	木构处在露天的环境下，水对它的影响较严重。
	平座	砖	青苔生长。	约90%污染。	雨水使平座的砌砖变得湿润，为青苔的生长提供了合适的环境。

广教寺双塔保护与研究

续表

建筑名称			残损现状	残损量	原因分析
广教寺双塔——东塔			见分项说明		
分项					
部位	构件	材质	残损现状	残损量	原因分析
四层	楼板、爬梯	木	爬梯保存较好。木楼板被鸟粪腐蚀、污染。	木楼板被腐蚀约40%。	塔券门开敞，鸟常栖息于此，鸟粪便里的酸性物质具有较强的腐蚀作用。
五层	塔壁	砖	塔体外壁局部砖酥碱，灰缝风化，塑像酥碱。	1. 塔壁残损20%。2. 塑像全部残损、酥碱。	1. 年久的风化、雨水渗透、日晒、冻融等。2. 砖的自身材质问题等造成的。
	腰檐	砖	叠涩砖残损脱落。	腰檐残损约20%。	1. 主要原因为砖的风化造成的断裂。2. 现状结构上存在不合理性。
	木构件	木	塔体木构件糟朽。	80%糟朽。	木构处在露天的环境下，水对它的影响较严重。
	平座	砖	青苔。	约90%污染。	雨水使平座的砌砖变得湿润，为青苔的生长提供了合适的环境。

建筑名称			残损现状	残损量	原因分析
广教寺双塔——东塔			见分项说明		
分项					
部位	构件	材质	残损现状	残损量	原因分析
五层	楼板、爬梯	木	爬梯保存较好。木楼板被鸟粪腐蚀、污染。	木楼板被腐蚀约40%。	塔券门开敞，鸟常栖息于此，鸟粪便里的酸性物质具有较强的腐蚀作用。
六层	塔壁	砖	塔体外壁局部砖酥碱，灰缝风化，塑像酥碱。	1. 塔壁残损20%。 2. 塑像全部残损、酥碱。	1. 年久的风化、雨水渗透、日晒、冻融等。 2. 砖的自身材质问题等造成的。
	腰檐	砖	叠涩砖残损脱落。	腰檐残损约20%。	1. 主要原因为砖的风化造成的断裂。 2. 现状结构上存在不合理性。
	木构件	木	塔体木构件糟朽。	80%糟朽。	木构处在露天的环境下，水对它的影响较严重。
	平座	砖	青苔。	约90%污染。	雨水使平座的砌砖变得湿润，为青苔的生长提供了合适的环境。

续表

建筑名称			残损现状	残损量	原因分析
广教寺双塔——东塔			见分项说明		
分项					
部位	构件	材质	残损现状	残损量	原因分析
六层	楼板、爬梯	木	爬梯保存较好。木楼板被鸟粪腐蚀、污染。	木楼板被腐蚀约50%。	1. 塔券门开敞，鸟常栖息于此，鸟粪便里的酸性物质具有较强的腐蚀作用。 2. 七层残垣，砖松动，雨水渗漏导致糟朽。
七层	塔壁	砖	七层残垣，部分砖松动，灰缝有不同程度的风化。	塔壁残损约60%。	1. 历史残损原貌。 2. 年久的风化、雨水渗透、日晒、冻融等。
	塔顶	砖	塔顶不存。	已不存。	历史残损原貌。
	木构件	木	塔体木构件残失。	已不存。	历史残损原貌。
	平座	砖	平砖有1块砖脱落，生长青苔、鸟粪腐蚀、污染。	1. 残损约5%。 2. 90%污染。	1. 主要原因为砖的风化造成的断裂。 2. 现状结构上存在不合理性。 3. 雨水使平座的砌砖变得湿润，为青苔的生长提供了合适的环境。

续表

建筑名称	残损现状	残损量	原因分析
广教寺双塔——东塔	见分项说明		
分项			

部位	构件	材质	残损现状	残损量	原因分析
七层	楼板、爬梯	水泥	七层楼板采用了砼楼板处理，楼板中央设上人孔。	存在水患。	结构设计不合理，排水管道排水不畅，造成七层雨水滞留形成倒灌，造成水患。

2.1.2 广教寺双塔的倾斜量测量

2006 年 7 月，宣城市文物局委托江苏省工程勘测研究院有限公司对广教寺双塔进行了倾斜量测量。

观测点的精度通过交会法和极坐标法两种不同方法测定的数值进行评定，综合评定测点中误差为±1.65 毫米，符合相关精度要求。

测绘结果：

（1）西塔倾斜量、倾斜方向：从塔座向上 9.718 米处，倾斜量为 72 毫米，从塔座向上 16.161 米处，倾斜量 122 毫米，倾斜方向的方位角为 46°19′56′′（北偏东）。

（2）东塔倾斜量、倾斜方向：从塔座向上 10.038 米处，倾斜量为 165 毫米，从塔座向上 16.642 米处，倾斜量 361 毫米，倾斜方向的方位角为 303°36′08′′（北偏西 56°23′52′′）。

2.1.3　1988 年的维修内容及修缮效果评估

（1）基础、阶基：塔砖基本完好。开挖清理发现大方脚边缘局部叠涩砖破损。以原规格、原质地的青条砖，按照原砌法补砌。设置临时性砖台阶、石踏步，因此来保护现仍完好的砖基础。

（2）塔身：清扫、拔草、除垢，剔除松动之砖；然后在崩塌孔洞之隐蔽处，大者以砼塞补、加固，小者以水混砂浆原砖砌实。裂缝宽者，先剔除面砖，加铁锔钉扒固。然后水混砂浆灌实，选用与原规格相同、色泽相近的砖，重新贴砌。裂缝较窄者（缝宽度<5 毫米），清除缝内灰尘以后，满灌水混砂浆或粘合剂。

（3）结构加固：塔基础基本完好，加固塔体自身结构。以 5×60 扁钢、50×30×5 角钢、Φ6 元钢即 5 号槽钢等在各层平座上皮砖、及各层腰檐的最下皮叠涩砖与斜面砖之间的隐蔽部位进行钢结构箍焊。在各层腰檐与其相对应的上一层平座间亦以钢梁、柱进行联系，令其构成一个整体的钢构架。并以上之所有钢、砖结构之间的缝隙，拟用浓水泥砂浆满灌，进行全面封护。以加强钢结构与砖构之间的结合。使之两塔各层腰檐与挑出部分，与其上一层平座的砖构间，相互连接一个整体。并且在每道平座及腰檐部位的塔壁外缘，均形成了四面围合的箍状结构，形成了"外箍"的格局。解决腰檐、平座在原木构已经朽失殆尽的情况下，仍能维护挑出构件的难题。

（4）木楼板：原木楼板及枋依据确切，决定全面恢复。

（5）塔顶：惜于在多次的调查、挖掘过程中，均未发现有关塔顶、塔刹的残遗构配件，遍查文献资料，亦无法找到原塔顶、刹的形制特征，未恢复。

七层残垣进行原拆原砌，保持残垣之现状。为防止雨雪直接淋入塔心室，采用砼楼板处理，在楼板中央设带口的上人孔，制作了上人孔盖。

（6）地面：按两塔内仍存的条砖铺地进行了恢复。

（7）塔面装修：铺作构件、角倚柱、兼柱、破子棂窗缺失部分，以同类材质、规格铰杆，进行归安。

（8）门扇、扶梯：原物无存。西、东两塔以顺、逆时针方向，配置了木扶梯，以供上下。塔的所有木构表面均刷以生桐油，进行防腐处理。

（9）排水：除七层砼楼板做泛水坡以予埋镀锌钢管接出屋顶部分承受的雨雪水之外。为了保护双塔现仍完好的基础，于阶基土衬石外围设置了地漏、暗沟、窨井及涵管。令其有一定的排水坡度，地面地下水流汇集后向南，直接排出塔院之外。

（10）避雷：进行了避雷体系设计，引下线则采取隐蔽做法，由塔内壁延下。

修缮效果评估：

1988年的维修采用了现状加固的维修方式，解决了双塔的结构安全问题，保存了双塔纤秀柔美的形态，较好的保护了双塔的原真性。

在各层腰檐的叠涩砖的处理上，由于砖悬挑较大，不符合结构安全要求，采用在砖上设一交圈扁铁，砖贴于扁铁的方法，由于重力、受弯等原因，且扁铁修饰膨胀，时间一长，砖与扁铁脱离，有安全隐患。

在更换塔壁酥碱砖时，采用了含砂率较高的新砖，由于此砖自身连接性差，抗弯强度低，加上灰缝的饱满度等问题，造成了塔体在新换砖的位置上产生裂缝。

塔顶由于采用现状加固方式，保留残垣的状态，在顶层地面做了砼板防水，但由于风吹日晒等原因，灰缝风化脱落，造成水渗透。

对二层的石刻未做保护，由于环境影响无法控制，石刻风化严重。

2.2 广教寺双塔的病害成因分析与评估

2.2.1 病害成因分析

（1）塔顶、塔壁渗漏：主要原因为砌体灰缝风化脱落，以及塔体砖的风化，造成雨水渗入。

（2）腰檐、平座叠涩砖脱落：主要原因为砖的风化造成的断裂，以及第一层出挑的叠涩砖在结构上存在不合理性。1988年维修时，在砖上设一交圈扁铁，砖贴于扁铁，由于重力、受弯等原因，且扁铁修饰膨胀，时间一长，砖与扁铁脱离。

（3）底层塔体裂缝：裂缝主要发生在1988年更换的部分砖上，其周围老砖上没有裂缝。主要原因为新更换的砖含砂率高，砖自身连结性差，尤其抗弯强度不足，由于灰浆的饱满度、平直度等问题，受重力剪压和受弯破坏。

（4）塔体砖墙、塑像酥碱：主要原因为年久的风化、雨水渗透、日晒、冻融等和砖的自身材质问题等造成。

（5）塔体内石刻风化严重：主要原因为年久的风化、雨水渗透、环境的潮湿等和石刻的自身材质问题等造成的。

（6）双塔底层潮湿：主要原因为双塔底层台明泛水坡度不够，造成水倒灌入塔。

（7）塔体木构件糟朽：主要由于木构处在露天的环境下，水对它的影响较严重。

（8）鸟的粪便对塔砖、木楼板的腐蚀、污染：主要因为塔券门开敞，鸟常栖息于此，鸟的粪便对木楼板造成污染，粪便里的酸性物质具有较强的腐蚀作用。

（9）塔体的植物、微生物病害等：主要由于雨水侵蚀，塔体潮湿，造成植物、微生物、苔藓类的滋生。

2.2.2 结构稳定性评估

（1）根据现场勘察，双塔基础无下沉、开裂、歪闪现象，基础状态良好。

（2）1988 年的维修加固了塔体，现双塔结构基本安全。

（3）2006 年对双塔的倾斜做了测量，倾斜的主要原因为修建时塔体砌筑施工的误差造成。根据 2006 年后的连续观测，塔体倾斜无发展的趋势，塔体基本稳定。

（4）现双塔的腰檐、平座砖脱落，有一定的安全隐患。

三、广教寺双塔的修缮

3.1 广教寺双塔的修缮总体措施

宣城广教寺双塔维修工程由合肥市弘兴古建筑修缮有限公司承担修缮施工任务。该工程自 2014 年 4 月 14 日正式开工以来，得到了安徽省文物局、安徽省考古研究所、安徽省文保中心、宣城市委市政府、宣城市文广新局、宣城市文物局和当地广大群众的大力支持与协助。

广教寺双塔本体的修缮保护工程内容主要包括底层塔体裂缝的处理、腰檐、平座叠涩砖脱落的处理、塔顶、塔壁渗漏的处理、塔体砖墙、塑像酥碱的处理及动植物病害的处理等。

工程维修中，严格遵守"不改变文物原状"的文物修缮原则，严格按照经国家文物局批准的宣城广教寺双塔维修方案精心施工，在对双塔的维修时尽量保存原有构件，对残缺的具有结构功能的构件、对体现美学和历史价值的地方，在有依据情况下进行了必要的复原。对前期维修中不当的做法，如含砂率高的砖的代替，已危害到文物本体的，修缮中予以纠正；对前期维修做法粗糙的，在维修时适当补救。在对双塔的修缮时，对更换的构件予以记录，并在外观上具有可识别性。同时，加固补强部分与原结构、原构件连接可靠。

3.2 底层塔体砖块更换

经观察与分析，广教寺双塔的裂缝基本发生在底层 1988 年新换的砖的位置，推测主要是由于砖含砂率较高，抗弯能力差。因 1988 年维修对整个塔体未增加过多的重量，基础状态较好，因此判断为裂缝主要为砖的强度不够造成。

双塔修缮时对有待考察、可能具有连接附属建筑功能的砖块不进行更换，对酥碱程度严重、开裂的砖块进行更换，同时对 1988 年更换的砖块进行更换，并消除通缝。修缮时采用 5：5 水硬石灰砂浆砌筑，新砖为强度 MU10 青砖。砌筑时采用吊线找水平和垂直，确保新砌砖块平整、垂直、美观；对通缝砖更换时做出调整，错缝砌筑；砌筑灰浆饱满，对溢出来的灰浆进行了及时清理，保证后期美观。

实施前	根据设计方案和设计人的指导，对西塔一层含砂量的砖块进行剔除，并用优质青砖进行更换。	
实施中	首先确定要更换的砖块、划定范围并做标志；后对一层砖墙体进行打线，确定平面和角线；为了保护老砖块，使用切割机对含砂重的砖块进行开缝，而后使用凿子一点点将需要更换的砖块剔除出来，调制水硬石灰5∶5砂的砂浆作为砌筑砂浆；因为塔体各处砖的尺寸不一，所以选用大的青砖制成与需要换的砖同尺寸进行更换。	
实施后	安装完成后符合设计规范。	

实施前根据设计方案和设计人的指导，对西塔一层含砂量的砖块进行剔除，并用优质青砖进行更换。

实施中首先确定要更换的砖块、划定范围并做标志；后对一层砖墙体进行打线，确定平面和角线；为了保护老砖块，使用切割机对含砂重的砖块进行开缝，而后使用凿子一点点将需要更换的砖块剔除出来，调制水硬石灰5：5砂的砂浆作为砌筑砂浆；因为塔体各处砖的尺寸不一，所以选用大的青砖制成与需要换的砖同尺寸进行更换。

实施后安装完成后符合设计规范。

3.3 腰檐、平座叠涩砖重新砌筑和填补

根据1988年维修前的记录，腰檐第一层的出跳砖的出挑长度在15~20厘米，结构不合理，又根据斜出砖面凸凹参差不齐，原贴之灰泥，亦厚薄不匀，仿佛是原先不露明的隐蔽部位以上之塔壁，砌作向外伸展之斜面（1988年维修前部分斜面尚留有凸出之直棵，似仿木建筑之天花支条，东塔三四层对应部位间，抹灰面有贴木纹状遗痕），判断其下应有结构层。

1988年的维修保留这一特征，采用在砖上设一交圈扁铁，砖贴于扁铁，由于重力、受弯等原因，时间一长，砖与扁铁脱离。现西塔脱落严重，东塔出挑较小，仅脱落一二块。

本次维修依旧保留这一特征，留待后期研究探讨，但需解决脱落的问题，方法是在现砖（260×260×50）的底部开槽，槽深25毫米，以450×40×25的扁钢插入槽内，后尾嵌入檐部砌体，架在原交圈扁铁之上，后用结构胶拌砖粉封平砖底，保持外观的协调。

修缮施工时，拆卸腰檐叠涩砖、对塔内现存扁铁进行打磨除锈、刷防腐漆处理。

现场测量叠涩砖块厚度为40毫米，现场设计师对钢板厚度稍作调整，调整至18毫米；在方砖北面开槽，钢板插入槽内，后尾嵌入檐部砌体；根据设计维修方案钢板长度达到450毫米，需向塔体砌体开孔，开孔后向开孔处灌满5：5水硬石灰砂浆，将

镀锌钢板插入孔中，在方砖开槽处填满砂浆，确保砌筑砂浆饱满，用结构胶混砖粉对开槽底面进行粉平，确保安全和美观。砌筑时要找准水平面和水平线，每安装一块叠涩砖需要在底部做一道短暂的临时支撑，确保不会因前期砂浆未干和自身重力影响有偏差和走动；后期根据维修方案对砖块进行修边。

实施前	根据现场勘察及设计方案要求，对双塔腰檐叠涩砖重制安装。	
实施中	清除碎落残乱的腰檐叠涩砖块，凿平原有叠涩砖下平面、在塔体叠涩砖层凿入深度300毫米，填入（填实）水硬石灰砂浆、用450毫米×40毫米×15毫米的镀锌钢板植入，方砖开槽架于钢板之上，配以建筑胶进行施工，注意填充要饱满、灰缝要细、砌筑之后要水平。 以西塔三层叠涩砖重制安装为例。	
实施后	安装完成后符合设计规范。整理原有不均的灰缝，填补灰缝饱满、细小，保证质量和感观。	

3.4 塔顶、塔壁渗漏的处理

塔顶脱落和松动的砖根据设计方案需要进行重砌，依照现存残状进行砌筑；先对东西塔塔顶的每块砖做好标记和编号，而后从各个角度拍照，继而进行拆卸，使用 5∶5 水硬石灰砂浆根据照片和前期编号进行砌筑，灰缝密实、砂浆饱满。

塔体七层通过人孔向塔内渗水，是因为排水不畅、积水所致，依据方案疏通排水管并调整泛水坡至 1.5%，用防水剂刮涂在顶部表面。

塔体风化的灰缝进行剔除干净，并使用水硬石灰砂浆重新勾缝，以注射方式注入灰缝砌筑材料。

实施前	根据现场勘察及设计方案要求，对双塔塔顶散落的砖块进行重砌，对现有砖块使用水硬石灰∶砂以 5∶5 的比例砂浆砌筑。	
实施中	为保证正确施工，施工之前对每块现存砖块的位置做好标记、贴标签纸并拍照记录。保持现有残状，不进行复原。	
实施后	安装完成后符合设计规范。不改变现有残状状态，但又保护塔顶砖块不受漏雨影响，灰缝饱满、细小，保证质量和感观。	

3.5 塔体佛像、砖墙酥碱的处理

依据方案和省考古所姚政权博士多次来现场试验，确定封护材料选用 pelicoat、清洗材料选用无水乙醇、佛像加固材料选用 B72 乙酸乙酯溶剂、佛像缝隙修补材料选用 AB 组分环氧树脂配砖灰和铁红铁黄等。

佛像清洗：对保存状况较好的佛像逐一使用无水乙醇进行清洗，酥碱严重的佛像不做清洗。

佛像加固：采用 B72 乙酸乙酯溶液按照浓度梯度渗透加固。先 1% B72 乙酸乙酯，后 3% B72 乙酸乙酯溶液用毛笔从上至下，依次涂刷，不乱涂，防止局部积累过多，出现眩光。

以 A、B 双组分环氧树脂透明胶调砖粉（砖粉细度约 100—200 目）黏合填补缝隙，第一次填补的胶应略低于裂隙口，便于后期随色处理。等胶水固化后，以胶水调成与砖雕表面颜色相近的砖粉仔细填平缝隙，随手刮去多余的填补物，注意颜色的一致，固化后用砂纸稍作打磨。修补后颜色近似即可，符合"远看一致，近看有别"的修复原则。

佛像封护：使用 pelicoat 封护材料用喷涂的方式对佛像逐一封护。

砖墙酥碱：对部分断裂砖块、酥碱面砖剥落深度≥15 毫米的进行更换补砌；轻微酥碱和有小裂缝等砖进行清洗、而后使用 1∶1 水硬石灰配砖粉灰浆灌注和修补；最后统一进行 pelicoat 封护。

实施前	根据现场勘察及设计方案要求，对双塔保存稍好的佛像部位进行清洗、补缝和封护处理。以西塔六层南面东侧佛像为例。	
实施中	采用无水乙醇对佛像进行逐一清洗。以 A、B 双组分环氧树脂透明胶调砖粉（砖粉细度约 100—200 目）黏合填补缝隙，第一次填补的胶应略低于裂隙口，便于后期随色处理。等胶水固化后，以胶水调与砖雕表面颜色相近的砖粉仔细填平缝隙，随手刮去多余的填补物，注意颜色的一致，固化后用砂纸稍作打磨。修补后颜色要近似即可，符合"远看一致，近看有别"的修复原则封护采用 Pelicoat 封护材料喷涂。	
实施后	完成后符合设计规范，没有出现眩光。	

3.6 双塔风化残损砖雕保护的处理

双塔部分老砖雕风化残损严重，砖雕佛像的表面裂隙发育，佛像表面剥蚀严重，衣褶乃至佛像的眉目都已残损。主要病害类型为表面风化剥蚀、层片状脱落和裂隙。

针对上述情况，对残损砖雕的保护，首先对风化剥蚀的脆弱部位进行预加固，再对裂隙处进行黏合填补，最后以保护材料进行表面封护处理。具体施工工序简列如下：

先 B72 乙酸乙酯溶液按照浓度梯度渗透加固。（先 1%B72 乙酸乙酯，后 3%B72 乙酸乙酯溶液喷洒）。乙酸乙酯溶液可以用玻璃烧杯配制，毛笔或毛刷从上至下，依次涂刷，尽量不要乱涂，防止局部积累过多，出现眩光。

以 AAA（A、B 双组分环氧树脂）透明胶调原子灰或砖粉（砖粉细度约 100—200 目）黏合填补缝隙，第一次填补的胶应略低于裂隙口，便于后期随色处理。等胶水固化后，以胶水调与砖雕表面颜色相近的砖粉仔细填补缝隙（第二次，要填平裂隙），随手刮去多余的填补物，尤其要注意颜色的一致，固化后用砂纸稍作打磨。修补后颜色要近似即可，符合"远看一致，近看有别"的修复原则。

对于残缺部位按照文物保护修复原则，暂不作修复。表面处理用 pelicoat 喷涂，进行表面处理，但处理时需注意砖体不能太潮湿。

此外，修复用的砖粉采用现场的砖粉碎过筛获得，修复的砖粉需要细腻、均匀。在修复红色雕像时，掺有适当的一点氧化铁红矿物颜料。

实施前	对残损砖雕的保护，首先对风化剥蚀的脆弱部位进行预加固，再对裂隙处进行黏合填补，最后以保护材料进行表面封护处理。	
实施中	使用喷壶进行均匀喷涂。	
实施后	安装完成后符合设计规范。整理原有不均的灰缝，填补灰缝饱满、细小，保证质量和感观。	

3.7 塔体木构件糟朽的处理和防护网窗

糟朽主要原因是长期的雨水潮湿和细菌的滋生，修缮施工时更换和填配了糟朽及缺失的木构件，并刷桐油三遍；

塔内长期有鸟类栖息，为了阻止鸟类对塔内结构的破坏，制作木框镶不锈钢丝网片固定于塔券门之后，尺寸稍大与券门尺寸，不影响观赏并有效阻止鸟类栖息。

实施前	根据现场勘察及设计方案要求，对双塔原有木构件、木装修及新制安的木构、木装修进行防腐处理。	
实施中	为保证正确施工，先对木构进行拭灰，清理干净，而后在天气晴朗的气候下刷生桐油三遍。	
实施后	安装完成后符合设计规范。	

3.8 塔体底层潮湿的处理

增加底部台明泛水坡度至 2%，使用手工凿的方式进行处理；施工前测量好并拉线，保证坡度正确；对台明石板的缝隙用水硬石灰砂浆进行填补处理。

3.9 塔体清洗

塔体的问题主要是植物、微生物造成的污染。修缮时主要采用机械方式清除植物、苔癣、地衣等先期现场观察双塔底层盐晶析出严重，后经姚政权博士现场取样，实验室分析结果显示为$CaSO_4$、KNO_3、KC_1；此次维修中进行简易的表面处理，先进行表面清理、而后使用酒精水溶液对双塔一二三层进行冲洗，达到抑制微生物的目的。

实施前	根据现场勘察及设计方案要求，对双塔每层进行清除植被病害。	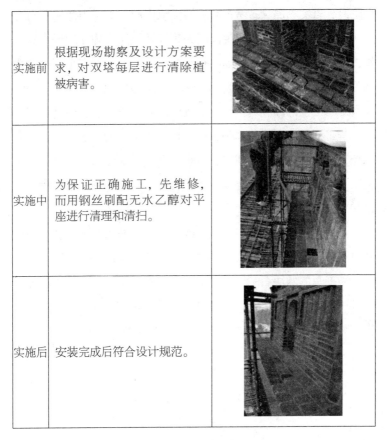
实施中	为保证正确施工，先维修，而用钢丝刷配无水乙醇对平座进行清理和清扫。	
实施后	安装完成后符合设计规范。	

实施前根据现场勘察及设计方案要求，对双塔每层进行清除植被病害。

实施中为保证正确施工，先维修，而用钢丝刷配无水乙醇对平座进行清理和清扫，实施后安装完成后符合设计规范。

四、结语与展望

宣城广教寺双塔维修工程，于 2014 年 4 月 14 日开工，至 2014 年 12 月 8 日竣工，施工总日历天数 239 天。在工程施工的各个阶段，省文物局、省考古所、省文保中心、市委市政府、市文广新局和市文物局以及有关部门的领导多次深入施工现场指导工作，及时发现问题，及时提出整改意见，并提出了许多好的宝贵意见和建议，从而确保了广教寺双塔按质按量地完成施工任务。此次维修工程的顺利竣工与各级领导的大力支持、关怀是分不开的、与工程监理人员的辛勤劳动也是密不可分的。各级领导不辞辛劳，多次到工地进行视察、检查、督促，从而为我们进行科学施工、科学发展、不断提高创造了有利条件，并确保了工程的质量和安全。

宣城双塔修缮工程中，此次最大的遗憾是未对苏东坡书写的两块石刻进行保护。由于双塔的券门开敞，温湿环境难以控制，苏东坡书写的两块石刻风化日益严重，本应尽快移至博物馆在室内环境下保护，但由于石刻镶嵌于双塔的砖砌中，无法确保在取出石刻的过程中双塔结构能保持安全，故而维持现状。

广教寺遗址发掘概述

广教寺遗址位于宣城市北约 3 公里，敬亭山之南，现存遗址面积约 5 万平方米。遗址依山势呈缓坡台阶状分布，东部受人为因素破坏较大，多数地方建有民房，西部为果树林，有的地方种植农作物和开发茶园。除近山顶处有瓦砾、陶片、瓷片外，残垣等寺庙遗迹已不复存在，唯有双塔巍峨屹立。围绕双塔用围墙圈有面积约 1.2 万平方米的塔院，其南建有仿宋代风格的山门，塔院内有"广教寺双塔"，又俗称为"双塔寺"，双塔现为全国重点文物保护单位。

一、广教寺的历史沿革

据文献记载，广教寺始建于唐宣宗大中三年（849），刺史裴休建佛殿，前有千佛阁，慈氏宝阁，还建有"金鸡井"。规模宏大，梵字僧舍上下近千间，僧徒数百人，经历宋、元、明诸代扩建、修葺，其时香火延绵不断，遐迩闻名。宋太宗赐御书，僧堆真建藏经阁；元代设御讲僧，赐金襕架裟。明末清初著名画家石涛（道济和尚）曾长期寓居该寺。历代帝王名士对此寺多有关照，使之盛极一时。广教寺至清始走向衰落，据当地民众反映，于 20 世纪二三十年代，双塔之北还有大型建筑存在，日军入侵，曾作为弹药库，后毁于战火，现在不复见其概貌。

在清代乾隆、嘉庆、光绪等版本的史籍都记载有广教寺大雄宝殿和双塔的相对位置，一致认为：古寺虽墟，两浮屠犹峙于山门之前，士人亦称双塔寺。说明大殿和双塔之间，应有山门存在，文献记录较多的建筑还有金鸡井和藏经楼，但对寺庙历代的建筑布局和建筑式样等，却惜墨如金，让我们很难知道其究里。

二、第一次考古发掘情况

第一次考古发掘前，在双塔保护区内，除山门为新近建筑外，双塔之北还有两排房屋，也为现代建筑。双塔为四方形砖塔，仿楼阁式建筑，东塔略大，双塔内壁嵌有北宋苏轼于元丰四年为广教院模上人手书"陀罗尼经文"刻石，但因时间长久，保存稍差。双塔曾经维修，塔基地面现已铺上青石板，塔基曾作过简单的发掘，出土有砖砾、板瓦、筒瓦等建筑遗物，限于当时条件所限，仅发现塔基大方脚，没有发掘到塔基建筑的其他情况。双塔南面的山门，在修建挖基时，挖到石质方形柱础等遗迹遗物，并于础下发现宋代铜钱，当为奠基之物，但因揭露面积小，没能把这些迹象作很好的解释。在围墙外的东北，即现在武警住宿楼处，建楼时也发现有墙基、铺地砖等遗迹。在围绕双塔的较大范围内，只要是动土的地方，均发现砖、瓦等构件，说明历史上此地建筑相当密集。

根据以上发现的迹象，为了搞清楚广教寺的布局历史沿革和建筑特征等方面的情况，1999 年 8 月至 11 月，由省文物考古研究所和宣州市博物馆、双塔管理处组成联合考古队，对广教寺遗址进行发掘，发现建筑基址 5 处及一些瓷器，并对基址局部进行解剖。

根据文献记载和塔院布局的一般常识，在发掘之前，我们对双塔进行了测量，并找到其中轴线，北偏东 19 度，因为大雄宝殿和山门寺等主体建筑一般不会偏离中轴线太远。因此，在中轴线上开挖了一条长 35 米，宽 1.5 米的探沟，即 G1，同时，在 G1的东边，越过现代房屋，开挖了一条东西向长宽分别为 12 米、2米的探沟，即 G2，以期通过 G1 和 G2，找到大殿和配殿以及山门的存在。由于在 G1 内发现了三合土地面，在 G2 内发现了砖铺的地坪，为找到全貌，在能及的空间内经扩方而成为下图所示的发掘区域。为记录上的方便，扩方后仍称作 G1 和 G2。

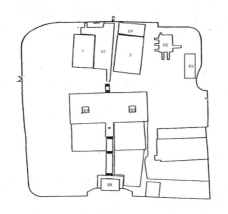

1、2 为民房 D1、D2 为双塔 D3 为大殿 G1、G2、G4 为探沟

G1 内的三合土地面，距地表 20—50 厘米，在东、西、北三面皆发现有砖砌的墙，南面尽管没有发现砖墙，从地面走势看，也已到了墙边，其间还有规整的柱础分布。因此它应为一座建筑基址，编号为 F1；F1 之南，平面为长方形，中间被一道东西向的墙基穿过者为 F2；F2 的东边，以卵石铺地中间有一葫芦形建

筑的为 F3。F3 之南为 F4；G2 内发现有砖铺的地面，距地面约 40 厘米。偏东处还有石板为盖的水沟类排水建筑，我们编号 F5。

为了解 F1 以下的层位堆积关系和广教寺布局方而更多的信息，我们在 F1 内偏东处地面已被破坏的地方进行了解剖，是为 G3；在中轴线上，双塔寺北围墙之外，发掘了 G4。G3 和 G4 大小分别为：1×4 和 1×3 平方米。由此获得了更多重要的堆积关系和建筑信息资料。

2.1 堆积层位

在 G1 和 G2 的地面之上，皆是近现代填土，包含有大量建筑砖、瓦，还有少量晚清、民国瓷片和现代铁丝、玻璃等制品。因此，我们可以把它当作现代土层，而 G2 的铺地砖以下是为生土。所以 G2 的堆积关系十分简单。G3 位于 G1 内，把它们的东壁合在一起：

第 1 层：现代填土层。厚 20—30 厘米。内含有青花瓷片、砖、瓦、铁丝等，此层下为房屋地面。

第 2 层：三合土层。厚 15 厘米，表面平整，刻划出斜方块纹，用白灰填线。

第 3 层：瓦砾层。厚 60—80 厘米，距地表深 35—45 厘米，含有较多砖瓦，少量明代青花瓷片。

第 4 层：白灰层，厚 0—15 厘米，距地表深 95—125 厘米。分布于偏北，南边没有，较纯净，不含土等杂物，质地疏松，无人工痕迹。

第 5 层：厚 15—35 厘米，距地表深 125—240 厘米，土质较纯，仅少量的砖瓦，小片影青瓷片。此层下为生土，在第⑤层和生土之间发现有用砖铺的"人"字形地面。

G2 上面是一层厚约 30 厘米的填土，包含物与 G1 第①层差不多。其下是 10 厘米厚的黄色土，含有少量砖瓦，其下是用砖平铺的地面；G4 地面填土以下即为生土，地势北高南低，填土很厚，发现有房屋的脊瓦，形体很大，可能为大殿屋脊所用。

2.2 遗迹

广教寺遗址此次发掘共发现有 5 座房基址，即 F1—F5，两道排水沟，还有一些砖石砌的残垣断壁。

F1：F1 位于双塔中轴线上，方向基本与中轴线方向相同，为北偏东 19°，其南距双塔连线约 38 米。东西长 18.05 米，南北宽 14.15 米，散水损失殆尽，地面为石灰、细匀黄土等合成夯砌，俗称"三合土"。面匀，质地坚硬，并匀出斜铺方格，方格大小不一致，近墙处为二至三道错缝平砌。柱础、埋头较不规则，形状大小不一，加工粗糙，有的地方柱础尽毁。柱础平面近方形，边长 50 至 70 厘米不等。前檐部分破坏严重，后期扰动很大，没有发现前檐柱础（从地面错缝平砌的三合土块砖的位置推断，其南边应为前檐位置）。西边次间金柱无础，经解剖清理也没有发现磉墩类遗迹，似为减柱造，东边与之相对应的位置已被现代房基所压，未能揭露。从现有柱础所示的柱网分析，F1 为面阔五间（间距中到中 17.65 米），进深之间（中到中 13.75 米），中偏后位置有一长方形台迹，所用砖较不规整，呈前宽后窄形，正位于 F1 中轴线上，应为一佛坛残基。

前檐当心间标高下 28 厘米，有一厚 29 厘米的三合土层，宽 1.3 米，东西破坏较甚，边界不清。从地面痕迹看，于梢间位置绵续向南延伸，但因地势破坏严重，已看不清楚。柱础下的磉墩，从解剖的 7 号柱础看，磉墩用 25×12×2（厘米）的薄砖分层上下交错平砌，高约 35 厘米。

后檐墙基尚存，采用顺砖砌，残墙约 20 厘米高，采用斗眠砌法，两山墙则用顺砌。残垣高出地面约 40—50 厘米，在后檐墙暴露的地带没有发现开门的痕迹。紧贴东西两侧山墙，各有一长方形台基，墙体用斗眠砌法，北面从后檐墙内侧开始，台基长 9 米、宽约 1.5 米。从形制上看，应为罗汉台。台基上近东面山墙有规则的柱础，据此我们推测山面为穿斗式排架，西边被近现代房基所压，其结构应为东西一致。

从佛坛基址、罗汉台以及建筑物本身的位置、大小等方面分析，我们认为 F1 当为广教寺一大殿基址。

F2 位于 F1 的南边，相距约 9.6 米。F2 周边迹象零乱，由于埋藏较浅，保存也很差。F2 虽然与 F1 有一定的角度，但其中心线与 F1 的中心线基本重合，在中央位置上，有一长方形砖砌台基，长 1.69 米、宽 1.26 米，台基两侧中间各用石块连砌一墙基，此地面均已不存，但柱础尚可辨析。柱础为方形，边长 43—60 厘米不等，大都破坏严重，东边由于现代房屋所压，不能探知，据中轴线推断，为面阔三间，进深四间，前檐部分有一宽 43 厘米的石砌墙基，在 F2 之南约 8 米的范围内，我们也作了试掘，但没有发现建筑痕迹。从 F2 与双塔的距离及两者之间没有发现建筑物来分析，F2 很可能为山门所在。

在 F1 的东边，紧邻 F1 山墙，还发现了 F3 和 F4，F4 位于 F3 之南，且大部分被现代房屋所压，没能发掘，只见到部分墙基。F3 为一院落基址，长 7 米、宽 5 米，北墙与 F1 后檐墙平齐，只是交合处被树根破坏，无法知道西墙结合状况。东边为一宽 30 厘米的墙基，西就 F1 东山墙。F3 内地面用鹅卵石铺地，呈北高南低之势，中偏北有用砖砌葫芦状建筑基础，内空，除填土外，无它物，也不见其底面形状，台尖指向东南，形状奇特，紧靠F1，用途尚不得而知；F4北墙砌法特别，偏西3.3米，为斗眠砌法，而东测2.4米则为平砌，推测此处应为门户，也就是进入F3院落的唯一位置，在东墙偏北有一石阶，其下15厘米深有同样的石块，其下无迹可寻，此处可能为通往院外的台阶。北墙外散水用石板、砖混铺散水，宽仅19厘米，东西侧未发现散水痕迹，西墙距大殿F1东山墙1.06米，中间有宽20厘米的砖砌墙体，F4地面做法同大殿地面做法相同，但未勾出斜方格纹。

　　F3、F4东边约56—80厘米处有一弯曲的水沟，南北向绕F3、F4而过，砖砌，上用大小不同的石板为盖。其北通往双塔寺围墙之外，南向现代房基下延伸，通往何处还不能确知，它很可能与院落排水有关，但它的位置，与F3和F4不在同一水平面上。

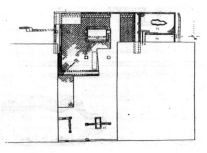

F1—F4和G3分布图

　　在F1以西，发现有一段残基，用石头作基础，大小不等，其间夹有长方形砖，砖长30—35厘米、宽18厘米、厚5厘米，延伸方向不明显。在F1和F2之间有一段卵石铺的地面，初以为与大殿有关，但经解剖发现卵石以下为一层厚约15厘米的黄土，中间高，南北两边底，实为现代建筑，其下为平齐的土面。在此卵石面的西侧，有如大殿的斜方格地面，长约 7 米、宽 3.5 米，且西边一直向西延伸，被现代房屋破坏（以 F1 墙边应有平砌砖形地面推测，西边肯定不到边），由于以东也被现代建筑所压，是否呈对称分布于大殿东西两侧，还未可知，但可以肯定的是，它与大殿有不可分割的联系。

F5 位于最东边，距 F3、F4 东边约 15 米。大致有南北两间房屋，偏东一处仅见平铺的地面，没有发现墙基。东边有一砖砌的排水沟，长度不明，宽 12 米，深 15 米，方向北偏东 16°，上盖薄石片，水沟连接南北两处地面，以北突然断开，没有任何迹象，在偏北的地面上发现残破瓷碗一件，水沟北端有一瓷罐。铺地砖大小不一。南北两块地面之间以土相隔，有两排砖相连。F5 四周砖墙相混太多，有的甚至不成为墙。以砖的大小看，可能仅仅作为边界隔。在整个范围内，没有发现柱础、磉墩之类建筑构件。F5 与 F1—F4 相比，高度相差相约 1.2 米，地面砌法完全不同，F5 之下经解剖可知为生土，与 F1 地面以下为砖瓦填土相异，它们应该是不同时代的建筑。

2.3 遗物

此次发掘揭露面积最大者为 G1。但 G1 第①层下是 F1 的地面，其第①层为现代填土，内虽然含有较多建筑遗物，由于早晚遗物混杂，没有收集，只采集了部分瓦当作为标本。在 G2 第②层和铺地砖之间发现有一件残瓷碗，在水沟处出土了一件瓷罐底部。现把这些遗物及部分采集标本介绍如下：

瓷碗 1 件。尖圆唇，侈口，葵边，斜直壁，凹底。施透明釉，砂底。内外有细小的冰裂，里面刻划卷草纹，外底墨书楷体

"廣"字。口径17厘米、底径5厘米、高5厘米。

罐底　厚胎，外壁有多道凸棱，半酱色釉，平底。底径8厘米。

碗底　采集标本。透明釉，近底处有积釉现象，外底中心凸出呈"鸡心底"状。底径6厘米。

瓷碗　采集标本。圆唇，侈口，斜直壁，玉璧状底。青釉，灰胎，砂底。口径14厘米、底径5.8厘米、高4厘米。

此外，在双塔寺范围外，我们采集了许多建筑构件，如莲花瓦当、板瓦、筒瓦、兽面瓦当、锁缝瓦件、莲花方砖、蝴蝶滴水等。

2.4 结语

此次发掘是试掘性质，相对建筑遗址发掘面积并不大，约500平方米，但在这有限的范围内，我们发现了不同时代的众多遗迹，对广教寺的布局和沿革有大致的了解。

（1）所发现遗迹的年代

F1—F4，从建筑风格、相对位置、砖的砌法、地面的处理等方面看，它们应是同一时代的建筑，而F1处于双塔中轴线上，从其结构看，它应是广教寺某一时代的大殿，代表着广教寺历史的某一个点和时间段。根据大殿掩埋深度、地面处理、每一间房屋的大小以及佛坛、罗汉台的尺寸综合分析，它的时代不会早于明代，很可能为清代建筑。F2也可能即是山门。从建筑用料分析，尤其是大殿的柱础，基本上每个柱础大小、高矮都不尽相同，用料相当简单，且比较随便。如果山门推测没错，它的建筑比大殿更为简化，表明当时的社会经济状况比较低下，广教寺地位也不高，这与文献记载清代以后逐渐衰落相吻合。而在前檐处的小探方解剖得知，大殿曾经维修过，因为在此处发现有带斜方格的三合土块作填土。它应是将原来的地面铲掉埋人所致。另外，10 号柱础的西端压于地坪之下，也作证了地坪可能经过修缮处理。

F5 的建筑风格与大殿有很大区别，它们也不在同一水平面上，并且 F5 出有两件具有时代风格的瓷器，瓷碗当为宋代，而残瓷罐底也不会晚于宋代，且具有宣州窑的特征，当为当地烧制产品，瓷碗外底有"廣"字，说明当时很可能寺庙内有专用的碗具等生活用品。尽管我们对 F5 的下限不能肯定，但它决不会晚于 F1 或与之同时。因此，它很可能即是宋代的建筑。从它与双塔中轴线的距离看，它具有配殿性质。

（2）广教寺遗址所跨越的年代

从地理位置和埋藏状况分布，F1 代表的大殿应为广教寺历史长河中最晚的一处寺庙建筑，据当地百姓反映，它可能沿用到晚清民国（我们在双塔寺内捡到有青花帽筒残口片，并有青花"广教寺"字样，从青花用料和青花纹饰看，它应是晚清遗物），最后为日军炸毁，地面修葺情况也与之相符。再逆推，从我们解剖的 G3 层位看，F1 地面下有明代青花瓷片，宋代影青瓷和一些黑瓷片，最为重要的是底部发现的铺地砖，人字缝铺砌，南北两边均有两道薄立砖驳界，砖的大小为：30×14×4.5（厘米）。这层铺地砖经测量，与 F5 地砖基本在同一水平上，与修之后的双塔基也差不多水平，并且两处铺地砖之下皆为生土，因此，它们很可能代表了广教寺最早期的建筑。时代也很可能在宋代。但是根据文献记载，广教寺始建于唐代，与我们的发现有所出入。为了解广教寺的兴建年代，我们在双塔之北的北坡上进行了大范围的调

的，故发掘深度在整体上仅限于发现遗址中建筑遗存以上堆积（参考 1999 年的发掘情况，并结合广教寺遗址堆积的实际情况，深度约距地表 0.5 米左右）的厚度即停止发掘；在确认没有建筑遗存的基础上，选择局部区域继续清理至生土；为便于展示，原址不做回填处理，必要时采取相关措施加固保护。此次发掘区域位于广教寺双塔北侧的二级台地之上，围绕地表残存建筑的周边，东部和北部分别与 1999 年度的发掘区相连。

认真按照《田野考古工作规程》要求，确定测量基点，即采用双塔中心连线的中点作为测量基点，并以正北方向为纵轴，建立三维测绘坐标系统。此次发掘区位于平面坐标系的第一、第二象限内，以 Y 轴向和 X 轴向探方序号（各取 2 位）相并组成四位数作为探方编号。利用现代科技手段，做好资料记录。使用全站仪对发掘区的测点数据进行采测，并将 1999 年发掘区全盘纳入布方范围，共布设探方 58 个，另加探沟 4 条（其中 TG3、TG4 是 1999 年发掘 TG1 的重新揭露）和扩方区 6 个。本年度发掘面积约550、重新揭露约 1000、总计为 1550 平方米。

利用现代科技手段，做好资料记录。配合地形图测绘，对1999 年发掘现场的关键位置重新揭露，将原有发掘区准确标在新测地形图上。并运用三维扫描和航拍技术，对遗址地层地貌作了多角度、全方位记录。

广教寺遗址

3.2 发掘方法

考古工作按照晚期至早期文化堆积形成层次逐层揭露并拓展的方法，力争揭露出晚期的相对完整布局并了解中、早期的相关布局。采取面上揭露和解剖性发掘。面上揭露仅限于建筑基址充分暴露为止，解剖性发掘仅选择其中局部发掘至生土。重要遗迹现象保留发掘现场，原则上不做回填处理。

（1）对于地表现代扰土及建筑垃圾采用全面揭露清除。

（2）对于大面积的层状堆积的清理，严格按照地层学原理，即堆积形成的相反顺序逐一对每一堆积单位发掘。适当控制发掘进度，必要时及时清除隔梁，从宏观上把握堆积整体分布状况。

（3）对于层状堆积下分布的遗迹单位（如灰坑、灰沟、墓葬、柱洞等）采用平面初步判断和二分之一解剖相结合的发掘方法，即按照土质、土色及包含物的不同，首先对通过层状堆积平面初步判断各遗迹单位的平面分布界面和时代先后关系，再采用二分之一解剖对各遗迹单位由晚期到早期的顺序逐个清理。

（4）对各遗迹单位各层位堆积的陶片、瓷片、建筑构件等出土物全部编号收集，并采集小件。

认真详细做好发掘记录，力争全面及时准确反映遗迹现象和发掘过程。每一个探方和遗迹单位符号均采用考古学通用的编号方法，探方（T）编号如：14XGAT0602，14 表示发掘年度，XG 代表宣城广教寺遗址，A 代表 A 区；遗迹单位如墓葬、灰坑、房址、灰沟、柱洞、水池、建筑基础分别用 M、H、F、G、ZD、JC 来表示。每一遗迹单位、每一堆积单位都有详尽的文字和测绘记录，重要的遗迹现象还配有必要的影像记录。如需勘误的，则另行记录，不得在原始记录更改，并与原始记录一并收存。

3.3 地层与建筑关系

为全面了解广教寺发展概况和建筑布局的变化，本年度发掘在保留已发现的建筑遗存的同时，选择 AT502、AT602 和 TG3 三处发掘至生土层观察文化层变化，发现三处文化层堆积基本一致。举 TG3 为例，文化层堆积深达 1.5 米，以第三层黄土层平滑面为分界点，大致可分为两个阶段五个分期：黄土层以上至地表三合土层面，有两期平滑层面，是为古人生活活动面，但第一层堆积厚度明显小于第二层；黄土层以下至生土层，有三期平滑层面（含黄土平滑层），最下层堆积最薄且平整，有道路遗存直接建筑在生土层之上。从第五层起愈靠近山体部分堆积愈厚而平滑层面不断向山脚倾斜，至第三层黄土平滑面时出现台阶状地面，但进入第一层后出现大量垫土再次重新整平，形成现在的三合土面，由此表明两种情况：一是文化堆积是从早期由山上到晚期逐渐向山脚推移的过程；二是晚期寺庙主体建筑也随着早期文化堆积的推移逐渐向山脚迁移，即表明越是晚期的寺庙主体建筑越是靠近山脚的双塔位置。

本次发掘共发现建筑遗存 20 多处（包括房址和单边墙基、院落），水池 1、台基 8、灶 2、道路 3、厕所 2、排水沟 9 处等（暂定，详细情况需在全面整理资料后确定）。结合地层关系将建筑遗存作初步分期如下：

表土层（黑褐色沙质黏土）近现代文化堆积

第①层（黄灰色沙质三合土）清代文化堆积

第②层（暗灰色粉沙质土）明代文化堆积

第③层（黄色含黏粉沙质土）元代文化堆积

第④层（灰褐色沙质黏土）宋代文化堆积

第⑤层（红褐色含黏粉沙质土）宋代文化堆积

第⑥层（灰色细沙质土）宋代文化堆积

其中近现代房址 4 处、清代 6 处、明代 4 处、元代 3 处、宋代 2 处，但由于上层叠压的晚期堆积未能清理，大多数房址只是揭露出局部面积。宋元时期和明清时期两个阶段的寺庙建筑的中轴线相差约

地层关系

20 米。

3.4 结语

本年度广教寺遗址考古发掘工作现已结束，进入室内整理阶段。此次考古发掘发现不同时期地层和建筑遗迹多处，采集部分标本及遗物，从已掌握的信息分析，遗址堆积大致可分为两个阶段：宋元以前和明清以后。宋元时期寺庙建筑整体退后，更靠近山体，且两侧附属建筑较多；明清时期寺庙建筑体量渐小、整体前移、更靠近双塔。两个阶段的寺庙建筑的中轴线存在明显不同。通过本次发掘，对地层堆积的形成、演化过程有了进一步的了解。对于地层关系的推测，将在下一阶段根据资料整理时通过对堆积包含物分析结果来检验上述分期的正确与否。

广教寺双塔遗址展示与利用研究

一、广教寺遗址概况

1.1 广教寺遗址

广教寺遗址位于安徽省宣城市宣州区城北 2.5 公里的敬亭山南麓，东邻昭亭路，地理坐标为东经 118°46′，北纬 31°23′，其所在的敬亭山属黄山山脉，为国家级森林公园，山林植被属亚热带常绿落叶阔叶林植被带，树种以松、杉为主。广教寺遗址位于山体东侧的波状丘陵岗地，海拔 50~100 米之间，土壤属红壤土类，土层深厚，PH 值呈偏酸性，土壤质地较粘。

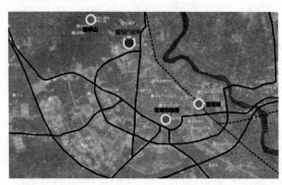

宣城广教寺双塔的地理位置

据相关文献记载，广教寺始建于唐代，兴盛于宋元，衰落于清代，抗战时期主体建筑损毁，迄今仅保留部分基址和宋代双塔。广教寺遗址依山势呈缓坡台阶状分布。1999 年 8 月至 11 月安徽省文物考古研究所对广教寺遗址进行了小规模发掘，发现 5 处建筑基址。2009 年 7 月完成了《宣城广教寺双塔保护总体规划》。2014 年 5 月至 11 月安徽省文物考古研究所再次对广教寺遗址进行了考古发掘，发现建筑遗存 20 多处（包括房址和单边墙基、院落）。

2015 年 1 月 13 日，安徽省文物局在宣城市组织有关专家就经国家文物局批准考古发掘的广教寺双塔遗址项目的保护与展示召开专家咨询会，专家充分肯定了广教寺遗址具有十分重要的地方佛教寺院的历史价值，空间关系和建筑沿革的信息价值，提出十分必要进行科学保护和合理展示。

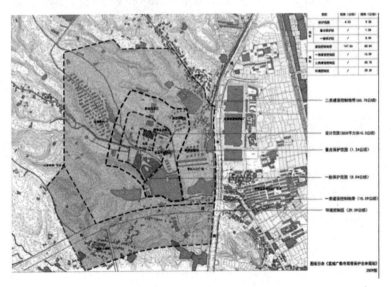

广教寺遗址双塔保护总体规划图

1.2 遗址区域的气候环境

广教寺遗址所在的宣城地区气候属于亚热带湿润季风气候类型，具有以下显著特点：

1.2.1 季风明显，四季分明

本区地处中纬度地带，是季风气候最为明显的区域之一。由于受海陆热力性质差异的影响，夏季盛行来自海洋的偏南风，冬季盛行来自内陆的偏北风。夏季受热带海洋气团控制，天气高温多雨，冬季受欧亚大陆气团控制，天气寒冷少雨，雨量在年内分配很不均匀。一年中夏季最长，约 121 天（5 月 21 日至 9 月 18 日，平均气温>22℃）；冬季次之，约 102 天（11 月 27 日至次年 3 月 8 日，平均气温<10℃）；春季较短，约 73 天（3 月 9 日至 5 月 20 日，平均气温介于 10~22℃ 之间）；秋季最短，约 69 天（9 月 19 日至 11 月 26 日，平均气温介于 10~22℃ 之间）。春暖、夏热、秋爽、冬寒，四季分明。光温同步，雨热同季日照与温度的年内变化趋向一致，降水集中在暖热季节。

1.2.2 气候湿润，雨量充沛

全区年平均温度为 15.6℃，最热月平均 28.1℃，最冷月平均 2.7℃，气温年较差 25.4℃，气候变化温和。干燥度在 0.68~0.90 之间，即可能蒸发量小于实际降水量，属湿润气候区。雨量丰沛，年降水量在 1200~1500 毫米之间，气候湿润温和，无霜期长达 8 个月。

1.2.3 梅雨显著，夏雨集中

梅雨是本区的一种重要天气现象。每年约在 6 月中旬入梅，7 月上旬出梅，梅雨日数 25 天左右。平均梅雨量 200~350 毫米，一般约占全年雨量的四分之一。夏雨集中是季风气候的特征之一，一般夏季降水 500~600 毫米，占全年降水量的 40% 左右。地形气候多样，气象灾害频繁，由于境内地形复杂，山体相对较大，气象要素随山体坡向、坡度呈现不同的分布类型和规律，从而构成立体气候景观。多种类型的地形气候和局部小气候，有利于农业多种经营，但是气象灾害也比较频繁。农业上因热量条件而引起的气象灾害有：春季的低温连阴雨和"倒春寒"，夏季的"小满寒"和高温逼熟，秋季的"寒露风"和早霜冻，冬季的霜冻和寒潮等；因降水的时空分布不均而引起的局部地区山洪，大面积的旱涝等；伴随着某些气象要素异常变化而出现的大风、暴雨、冰雹、冰粒等。

1.3 遗址区域介绍

根据考古初步报告，安徽宣城广教寺建筑遗址由民国时期、清代、宋代等遗迹组成。

1.4 遗址区域主要病害

遗址主要病害分类为：缺失、微生物破坏、植被生长。

（1）砖块缺失坍塌

遗址中很多砖墙都发生断裂、破碎、缺失等现象。局部存在结构失稳的风险。

砖块缺失坍塌

（2）植物、微生物破坏

植物破坏可分为苔藓、草被植物、灌木和乔木破坏。其中，苔藓类植物往往在遗址表面形成硬壳，根系植物则会生长在砖石缝隙中，它们对遗址会有很大的破坏。在安徽宣城广教寺遗址中，发掘出来后环境影响，遗址内生长苔藓、地衣等微生物或有根系的植物对遗址的土体、砖产生严重的生物腐蚀破坏。

灌木、杂草

二、遗址区域的材料特征及保护实验研究

2.1 本体保护的有关原则问题

广教寺建筑遗存保护与展示工程中，材料现状勘察、病害分析、本体保护实验研究的目标是：以最小干预原则为指导，尽可能采用传统的保护材料及成熟的工艺，根据遗址保护规划设计要求，针对遗址区内不同个体提出遗址所在气候条件下、在未来保护展示环境下的可持续的保护方案。

在广教寺遗址的保护实验研究及保护方案研究中主要遵守了以下原则：

（1）优先考虑采用传统材料及成熟工艺进行试验研究；

（2）保护材料的使用不改变或不显著改变原有遗址部分颜

色、质感等，以免影响观赏效果，避免传递错误的历史信息；尽量采用具有"可逆性"的材料，从而为未来新材料、新工艺的出现提供"再"保护的空间；

（3）保护材料及工艺的选择具有可实施性、可推广性、可持续性等；

（4）施工工艺具有经济性，易于维护；

（5）适应宣城地区的气候环境；

（6）尽可能满足与符合公园遗址的展示要求；

（7）注重历史调查，全面收集资料，从而尽可能保存它所具有的历史信息。

2.2 遗址区土的特点及其保护实验研究

2.2.1 土的特点

安徽省宣城市广教寺建筑遗址中的地面多为土质，因此，广教寺遗址区域内土的性能及其保护方法研究是保护工作的重点之一。根据宣城广教寺遗址未来环境下土的保护与展示要求，主要进行了两项主要保护研究工作：

第一，现场和室内结合，测定现有遗址土的含水率、密度等；采用快捷的化学分析方法，分析现有三个地面三合土的成分，特别是石灰添加量，为模拟展示提供依据。第二，选择应用最佳的渗透加固材料，比较加固前后的耐水性、硬度、抗冻性等性能。

根据实验人员对遗址现场利用环刀取样实验室分析处理得出：宣城广教寺遗址区域内的地基土本体含水率约为20%，密度却不存在一定的规律性。另外，根据取自明、清、民国地面的三种不同类型的地面进行分析发现，室内地面的三合土主要由石灰、土及少量砂组成，而天井的地面则是一种混凝土。

编号	描述	样品剖面
1	推测样品为明代地面垫层：面层为很薄的石灰层，厚度约为 0.5—1 毫米；第二层为土层，厚度约 30—35 毫米，内含红砖、青砖、石灰等颗粒，红砖粒径约为 0.7—3 毫米，青砖粒径约为 0.8—3 毫米，石灰粒径约为 0.4—1 毫米；第三层为土层，厚度未探测，内含红砖、青砖、石灰等颗粒，红砖粒径约为 0.87—2.5 毫米，青砖粒径约为 0.8—11 毫米，石灰粒径约为 0.3—6 毫米。	 0.5-1mm厚石灰层 30-35mm厚土层，内含青砖、红砖、石灰等颗粒 土层深度未探测，内含有青砖、红砖、石灰等颗粒

显微照片（65 倍）第二层，第三层

编号	描述	样品剖面
2	推测样品为清代至民国时期的地面垫层混凝土：面层为石灰层，厚度约为 8—10 毫米，内含红砖、青砖等颗粒，红砖粒径约为 0.6—3 毫米，青砖粒径约为 0.3—1 毫米；第二层为石灰层，厚度未探测，内含红砖、青砖等颗粒，红砖粒径约为 0.6—3 毫米，青砖粒径约为 0.7—13 毫米。	 8-10mm厚石灰层内含红砖、青砖碎片 石灰层深度未探测，内含有青砖、红砖等颗粒

续表

编号	描述	样品剖面
2		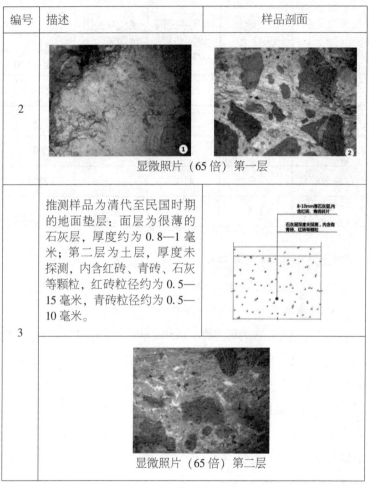

显微照片（65 倍）第一层

| 3 | 推测样品为清代至民国时期的地面垫层：面层为很薄的石灰层，厚度约为 0.8—1 毫米；第二层为土层，厚度未探测，内含红砖、青砖、石灰等颗粒，红砖粒径约为 0.5—15 毫米，青砖粒径约为 0.5—10 毫米。 | |

8-10mm厚石灰层内含红砖、青砖碎片

石灰层深度未探测，内含有青砖、红砖等颗粒

显微照片（65 倍）第二层

此外，根据取样对砂浆配比的分析得出四个地面土（明、清、民国地面的三种不同类型的地面和天井的地面）的大致配比如下表：

宣城广教寺遗址地面土配比对照图

	明代地面 三合土 M—D01	清代—民国 地面垫层 Q/M—D01	清代—民国 地面三合土 Q/M—D02	清代—民国 天井地面 混凝土 Q/M—C01
石灰	18%	26%	3%	58%
土	26%	9%	56%	7%
砂	56%	24%	41%	7%
青/红砖碎块	--	41%	--	28%
夯实密度 （g/cm³）	1.5	--	1.4	1.4

2.2.2 土的保护实验研究

（1）土遗址保护材料的筛选

A. 基本要求

鉴于土遗址存在的环境的不同，需要采用不同的保护材料及相应的保护工艺。宣城市属于亚热带季风气候，四个季节特别分明、降雨较多、阳光充足，气候总体温和，光、温、水等气候条件优越。年平均气温 15.9℃，高温历年平均为 37—39℃ 之间；低气温历年平均为—8℃，气温年较差历年平均值为 25.6℃。年均降水量 1368.6 毫米，相对湿度 79%，无霜期 230 天。根据遗址保护规划，土遗址部分分为室内保护和室外保护，因此，保护材料的选择在充分考虑到遗址区域的地质条件的同时，还要考虑室内外温湿度、光照、冻融、水（雨水、地下水等）等环境因素要求。对于宣城广教寺遗址保护材料的选择应该基本满足以下几项要求：

①室外保护需要具有耐二氧化碳、耐光照、耐温度变化、耐

紫外、抗冻融及抗崩解等；

②室内外保护材料据需要具有足够好的耐水性能；

③较好的透气性、防虫、抑制霉菌生长的性能；

④不明显改变土遗址本体颜色，以现有成熟材料或传统材料工艺作为优先考虑。

B. 常见材料类型

目前，存在较多的土遗址加固材料类型，其中包括无机材料可溶碱金属盐和碱土金属盐类（例如氢氧化钡和氢氧化钙、ps 材料）、有机高分子类（例如丙烯酸树脂、聚氨酯和有机硅树脂等）、有机/无机杂化材料（例如硅溶胶聚醋酸乙烯脂、聚有机硅—聚丙烯酸树脂和丙烯酸—有机硅—环氧树脂等），常见的典型土遗址保护材料见下表。

土遗址加固材料类型及优缺点

序号	材料类型	固化机理	运用前景及耐久性	案例及作者
1	正硅酸乙酯	生成的硅氧烷聚合体能产生增强效果，正硅酸乙酯的一端与无机颗粒的表面相连，另一端与邻近的无机颗粒相连，通过烷基的水解，相邻颗粒间以硅氧烷链联结在一起，是软弱、松散的土粒的到加固和增强。	有机硅材料的加固与防水效果好，是目前研究比较成熟、世界各地通用的土、石质文物加固材料。耐老化性一般。	柴新军等堂加古窑，1975 年，秘鲁用正硅酸乙酯和乙醇混合体系（体积比为 1：1）处理哥伦布以前的古代土坯建筑的表面。

续表

序号	材料类型	固化机理	运用前景及耐久性	案例及作者
2	溶剂型丙烯酸	溶剂挥发后，在土体表面富集形成一层保护膜，从而达到加固保护的目的。	丙烯酸树脂有渗透性好和加固强度高的优点。但丙烯酸树脂有一定的毒性，它形成的表面膜透气性不佳，会阻碍土体内部的水分向外迁移，造成土遗址的风化破坏。耐老化性不佳。	赵胜杰等高昌故城土遗址。
3	复合树脂（所谓土壤固化剂，PAM）	表层固化防水，一般用作于民用工程，如护坡等。	造成严重色泽变化，并发生局部固化，饱水低湿的试块加固效果明显。耐老化性不佳。	——
4	PS材料	PS溶液中的钾离子能与黏土颗粒起到交换吸附作用，同时PS的离解产物硅酸根对黏土矿物的金属阳离子有静电吸附作用，这些作用使得相对分散的黏土颗粒形成较大的团粒，使分离状的晶态黏土矿物变成非晶态的凝胶网状结构。	与黏土结合力较弱，泛碱、脆性大、收缩性强、对潮湿环境土遗址渗透深度有限、加固效果不佳。	李最雄等，西夏王陵、交河故城、高昌故城等土遗址均采用PS进行了加固。

广教寺双塔保护与研究

114

续表

序号	材料类型	固化机理	运用前景及耐久性	案例及作者
5	有机氟聚合物	——	和玲等认为含氟聚合物具有稳定性高、耐氧化、耐化学腐蚀、不影响文物的透气性等特点,适合于户外土、石质文物的表面防护和加固处理,但耐冻性能达不到要求。	和玲等以化学性质更稳定的氟代羟基多元共聚物为材料对半坡遗址进行了渗透加固保护研究。

（2）实验内容与结论建议

在对宣城广教寺土遗址的保护前,对采样土遗址进行了加固实验、耐水实验、和冻融实验,并得出如下结论和建议:

①考古断面取的土主要为夯筑土,含水率较高,达到 20% 左右,密度比较保护大。

②具有重要历史意义的建筑遗址的室内地面三种土的成分、特点不完全一致,明代的室内地面含石灰的量比较高,达到 20% 左右,而清代—民国地面的石灰含量只有 10%,清代—民国的室外原天井的土为近似混凝土,50% 作用石灰,20 沙土,30% 左右筛分的青砖碎块。

③初步试验研究表明,正硅酸乙酯材料对原址土具有很好的渗透性,且显著增强土体的耐水浸泡及冲刷的性能。因此,采用

正硅酸乙酯可以固化现有的三合土地面。

④原三合土地面保护建议采用如下方法中的一种：

a）原位固化+覆土保护：待遗址周围的排水设施建设好后，表层 50 毫米的三合土的含水率低于 10%，浇淋正硅酸乙酯，用量约 5—8L／m^2，防雨 48 小时。

表面新作三合土可参照下表（经过现场实验后确定）

b）原位固化+覆草保护：原位固化后可参照遗址墙体的"软盖层"保护技术构造进行保护。

宣城广教寺遗址地面三合土配比（重量比＊）

	明代地面 三合土	清代—民国 地面三合土	清代—民国天井 地面混凝土土
石灰	20%	10%	50%
土	30%	50%	10%
砂	50%	40%	10%
青砖碎块	0	0	30%

＊需要根据采用的石灰的容重、土的容重、含水率等换算成体积比。

2.2.3 遗址区土的保护建议

按照《宣城广教寺双塔保护总体规划》要求，大面积土遗址采用回填保护方式，经现场勘察与实验研究，原三合土地面的保护采用原位固化与覆土保护相结合的方式实用性与经济性较好。

A 材料施工建议

1. 土遗址本体加固材料

对于风化、粉化比较严重、棱角部位、高差较大、有结构性隐患的特殊部位，需要本体加固。前期实验分析表明正硅酸乙酯对安徽宣城广教寺土遗址具有明显的渗透加固作用，因此，在本例中可采用低浓度微米石灰浇淋本体或正硅酸乙酯进行渗透加固。

正硅酸乙酯加固材料需满足如下特点：

a. 几乎为 100% 的有效成分；

b. 固化产物为 SiO_2 胶体，和土的成分相同；

c. 固化的土仍然吸水、透气；

d. 反应的副产物为乙醇，对文物本土、环境及人物无任何影响；

e. 为砖石土等多孔无机非金属材质文物保护应用最多的材料；

f. 使用前提为土的含水率不大于 10%，建议用量不小于 3—5L/m_2。

因此，正硅酸乙酯可作为土遗址部分渗透加固的首选材料，但其缺点是不利于防霉，因此，应避免用于潮湿或通风不良的部位；如用在此部位，应加强对土体的通风、防潮，以免发生霉变。

微米石灰加固材料有如下特点：

a. 分散在乙醇或丙醇中；

b. 可多次重复；

c. 施工后土质的表明略有变色。

相对于正硅酸乙酯，微米石灰的优点是具有一定的防霉效果，缺点是对土的渗透深度有限，从而加固效果有限，且用量过多的话，会导致表面残留，使得表面泛白。因此，可用于潮湿或通风不良的部位。

2. 缺损部分土修复

采用特制的土坯砖（10—20%石灰，80—90%土），密闭潮湿条件下养护1—2个月，可以用于缺失部分土的修复。

B 施工工艺建议

（1）清理：对遗址进行必要的清理，清除植物根系等杂物；除此之外，按照实验分析所得结果，对需要渗透加固的遗址本体进行加固处理；

（2）土工布隔离：铺设短纤针刺非织造土工布，参照标准GB/T17638—1998；

（3）粗砂隔离：最薄处50厚干砂隔离；

（4）保护层：30—50厚夯土保护层，遇有较大坑洼处可采用特制土坯砖块填充，这种土坯砖应具有强度高、可随着修补部分轮廓随意切割、施工简易、不用现场夯筑等特点，从而减少对原址土的干扰。

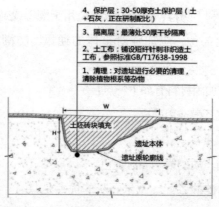

遗址保护施工工艺流程建议图

2.3 遗址区石材的特点及其保护实验研究

2.3.1 石材的特点

宣城广教寺遗址目前处于露明状态的石材部分包括砌体、部分铺地阶石等，其材质类型主要有两类：石灰岩及石英岩。其中各年代的柱础、散落的经幢等材料均为石灰岩，即化学成分为碳酸盐类的天然石材，此类石材为人为开凿、加工而成，具有重要的文物价值。石灰岩的主要病害为结构性开裂、裂纹、表面溶蚀等。

发生粉碎性开裂的推测为明代石柱础

石英岩为灰白色，发现于砌体底部，文物价值比较小，作为建筑的基础或水工设施的砌筑材料，主要是自然老化生成的碎石，其本身非常耐风化。因而对与广教寺遗址区域的石材研究仅针对石灰岩。

2.3.2 石材的保护研究

（1）文献研究

从岩石学角度，石灰岩的缺点是不耐酸，如天气降水中的

CO_2 对石灰石发生溶解，在地质上形成著名的岩溶地貌（卡斯特地貌）。

正常空气中含有约 0.03%（体积比）CO_2，在有水存在时，空气中的 CO_2 可以形成碳酸：

$$CO_2+H_2O \rightarrow H_2CO_3$$

碳酸是一种弱酸，对很多石灰岩、壁画及其基层石灰批荡粉刷等会产生腐蚀作用。

腐蚀过程的化学反应式如下：

$$H_2CO_3+CaCO_3 \rightarrow Ca（HCO_3）_2+H_2O$$

$Ca（HCO_3）_2$ 溶解于水中，随重力作用或毛细作用运移到蒸发部位或能够储存水的裂隙、气孔隙等部位蒸发结晶，形成文石等钙质沉积。

$$Ca（HCO_3）_2 \rightarrow CaCO_3 \downarrow （文石）+H_2O \uparrow +CO_3 \uparrow$$

因此，暴露在户外的石灰岩会一直受到大气降水的侵害！

酸雨对石灰石的侵害也是十分明显的，大气污染物 SO_2、NO_X 等，遇水变成硫酸、亚硝酸，亚硝酸在空气中进一步氧化成形成硝酸：

$$2N+2O_2 \rightarrow 2NO_2+H_2O \rightarrow HNO_3+HNO_2$$

$$2HNO_3+O_3 \rightarrow 2HNO_3$$

被大气大气污染物 SO_2 腐蚀的石灰石会形成石膏等：

$$CaCO_3+H_2SO_4+H_2O = CaSO_4 \cdot 2H_2O （石膏）$$

碳酸盐类文物风化的特点与砂岩等存在明显的区别，前者以表面溶蚀及菱形开裂为主，而砂岩表面粉化。此外，石灰岩、汉白玉等岩石中主要组成部分为方解石具有很高各向异性的热膨胀系数及导热系数。

因此，要保护石灰岩类文物，需要从下列几个方面入手：

①温差变化尽可能控制在小的范围；

②尽可能减少酸雨等空气污染物对本体的危害；

③由于大量的今天研究成熟的保护材料均为针对砂岩，而砂岩等硅酸盐与碳酸盐存在化学上的本质区别，必须采用和碳酸盐兼容的保护修复材料，优选石灰为粘合剂的保护材料；

④尽可能采用可逆的材料或牺牲材料；

⑤加强碳酸盐类文物的监测与后期维护。

（2）保护策略

石灰岩的风化和其他类型的天然石材存在本质区别，与复杂的物理、化学及生物学的过程有关，宜针对不同的因素采取不同的对策。

风化机理			对策		
			室内	半室内	户外
机械	温差	表面开裂（三个不同方向）石材因日间受热而膨胀，夜间受冷而收缩，产生热胀冷缩现象，且石材中含有许多不同的矿物质，其膨胀系数不同，而发生粒状剥蚀或块状的崩解。	温度控制		无有效措施，可设置牺牲层
	砂糖化	晶体之间失去晶体结合力。	温度控制		
	冻融	温度下降到0℃以下，水结成冰，造成石材吸水后结冰的急剧膨胀，使石材崩解碎裂。	温度控制		降低吸水

续表

风化机理			对策		
			室内	半室内	户外
机械	紫外线的照射	石材本身具有许多毛细孔，且毛细管越小毛细现象越显著。因此，石材吸水后，在阳光紫外线的辐射下，水分在石材的毛细孔中的蒸发速度随之加快，水分中带有对石材侵蚀的物质对石材的侵蚀速度也会加剧从而引起石材的老化。	—	—	无有效措施，可设置牺牲层。
	雨水冲刷	冲击作用。	—	不能淋雨	无有效措施，可设置牺牲层。
	可溶盐	可溶盐在岩石的微孔中结晶产生的胀力能导致孔壁破裂，可溶盐结晶对岩石影响的大小与盐的种类、岩石孔隙特性和蒸发条件有关。研究表明，碳酸钠、硫酸钠、硫酸镁对岩石的破坏大，而氯化钠、硫酸铝则对岩石影响很小。可溶盐对岩石的破坏大小与岩石本身孔径的分布也有关系。同时具有大量微孔的岩石更容易被可溶盐破坏。	盐分检测定期排盐		
	风沙吹蚀	风沙流性质、强度以及岩体结构的不均匀性。	—	防风	无有效措施，可设置牺牲层。

续表

	风化机理		对策		
			室内	半室内	户外
化学	酸雨	通常是以水为溶剂,当其中含有碳酸根离子、硫酸根离子或硝酸根离子等及有机物时溶解力更大。	—	不能淋雨	无有效措施,可设置牺牲层。
	雨水溶解 $CaCO_3+CO_2+H_2O \rightarrow Ca(HCO_3)_2$	$CaCO_3+H_2O+CO_2 \rightarrow Ca(HCO_3)_2$ $H_2O+3NO_2 \rightarrow 2HNO_3+NO$ $2H_2O+4NO+3O_2 \rightarrow 4HNO_3$ $CaCO_3+2HNO_3 \rightarrow Ca(NO_3)_2+H_2O$ $2SO_2+2H_2O+O_2 \rightarrow 2H_2SO_4$ $CaCO_3+H_2SO_4 \rightarrow CaSO_4+H_2O+CO_2$ $CaSO_4+2H_2O \rightarrow CaSO_4 \cdot 2H_2O$ 在以上几种风化产物中,$Ca(HCO_3)_2$,$Ca(NO_3)_2$ 都易溶于水,可被流水带走,导致岩石产生溶沟和溶洞。$CaSO_4$ 的溶解性差一些,但它发生水和反应时体积膨胀,脱水时又会收缩,反复的水和一脱水过程也会造成岩石破坏。	—	不能淋雨	无有效措施,可设置牺牲层。
	水化水解作用	石材吸水后与水化合而发生变化,体积增大,释放出大量的热能,使石材的硬度降低,光泽有损,弹性减弱,这是水化作用的破坏。同时水分还会使石材中矿物质含水。因此,石材在水解作用后,其基本形式发生变化,并有氢氧根在水中析出。这就是水解作用的破坏。在正长石这类石材的风化过程中最常见。	—	通风防潮	无有效措施,可设置牺牲层。

续表

风化机理			对策		
			室内	半室内	户外
化学	氧化反应作用	石材的矿物质元素成分被发生氧化反应，造成石材变软，体积增大，失去原有的光泽和弹性。	无有效措施，可设置牺牲层。		
	碱反应	碱与硅质物的膨胀反应和碱与石材中的矿物质反应对石材的风化作用（其原理可参照水斑的成因）如：锈斑、水斑、白华。	防潮。	防潮，设置牺牲层。	
生物	植物根系生长	植物的根对岩石的劈裂作用。	日常维护，表面做防苔藓等处理，易采用石灰材料，其 $PH \approx 13$ 可有效抑制生物生长。		
	微生物滋生	菌、藻类微生物在岩石微孔中生长对岩石孔壁的破坏等，植物和细菌在新陈代谢中还会产生有机酸、无机酸和酶，直接腐蚀分解岩体。			

"—"代表不存在此类型危害。

2.3.3 遗址区石材的保护建议

广教寺遗址区的石材的类型主要有两类：一类为硅酸盐类的石英岩等，第二类为石灰岩。前者主要作为砌体材料，后者除了作为砌体材料外，还是柱础、经幢等具有重要历史价值的构件材料。

硅酸盐类的石英岩具有非常好的抗风化能力，不需要进行特殊的保护，可以直接露明展示。而采自广教寺遗址区石灰岩的密度为 2.6—2.7g/cm³，其吸水率均很低，为饱和重量吸水率均小于 1.5%，体积吸水率小于 4%，属于致密的微孔隙为主的石材类型，保护难度较高。

石灰岩等石质文物比较脆弱，其容易遭受损坏，损坏原因是复杂的，既有内因（石材的自然老化），也有外因，特别是不当的修缮导致的损坏。

根据宣城遗址区石灰岩的特点，建议如下：

（1）建议无法回填保护的石灰岩构件，如柱础存放于博物馆，原位复制模拟展示；

（2）重要的具有风化古锈的石构件，如经幢碎块，可以通过三维测绘回填，原物建模、3D 打印方式展示。高精度的 3D 打印精度可以达到 0.1 毫米，可以逼真模拟出原物。

经幢

2.4 遗址区砖材的特点及其保护实验研究

2.4.1 砖的特点

宣城广教寺遗址存在的砖构造部分为残留砌体、被覆盖的铺地等。不同年代原有砖砌体用砖可能全部采用了青砖。可能由于砖烧制时期以及使用位置不同，所用青砖的致密程度、厚度、大小等不尽相同，其中发现的最厚的砖厚度约为87毫米，最薄的砖约为26毫米。

宣城广教寺遗址区内采集砖的性能

序号	编号	容重 （g/cm³）	饱和质量 吸水率	饱和体积 吸水率
1	M—Z01	1.6	21.0%	34.0%
2	M—Z02	1.7	21.1%	34.9%
3	M—Z03	1.7	20.2%	33.8%
4	M—Z04	2.0	6.5%	13.3%
5	Q/M—Z01	1.7	20.7%	35.0%
6	Q/M—Z02	1.7	22.0%	36.3%
7	Q/M—Z03	1.7	22.1%	36.7%
8	Q/M—Z04	1.7	19.3%	33.0%
9	Q/M—Z05	1.6	22.4%	36.0%
10	Q/M—Z06	1.5	25.5%	39.2%
11	Q/M—Z07	1.7	17.8%	30.9%
12	S/Y—Z01	2.0	10.6%	20.9%
13	S/Y—Z02	1.8	15.9%	28.7%
14	S/Y—Z03	1.6	22.1%	35.7%
15	S/Y—Z04	1.7	20.2%	34.3%
16	S/Y—Z05	1.7	20.8%	34.8%
17	S/Y—Z06	1.7	20.3%	34.1%
18	S/Y—Z07	1.8	16.2%	28.8%
19	S/Y—Z08	1.8	17.1%	30.0%
20	S/Y—Z09	1.9	11.9%	22.9%
21	S/Y—Z10	1.7	19.9%	33.7%
22	S/Y—Z11	1.6	22.0%	35.6%

总体来说，宣城广教寺遗址区的青砖分为两种情况：

第一种类型容重为 1.9—2.0g/cm³，其饱和质量吸水率的变化范围为 6.5%—11.9%，明显低于其他类型的青砖。这一类砖可能为宋元时期，遭到后期的重建或从其他宋元遗址区域内挪动至现取样位置。第二种类型为普遍分布的砖，容重在 1.7g/cm³ 左右浮动，饱和质量吸水率的变化范围 15.9%—25.5%。

另外，根据现场对现存残留砌筑体（不同高度及深度）采用微波法测含水率的分析得出：宣城广教寺遗址区域内残留的砌筑体表面含水率达到 25%，较为潮湿，而相对较高处的砌筑体内部含水率为 7—8%。初步观察说明环境对砌筑体湿度的影响较大，水主要来源于雨水及地表径流。

2.4.2 砖的保护实验研究

砖的破损主要原因是冻融破坏，因此对宣城广教寺遗址的砖保护研究仅进行了冻融实验。根据实验结果显示，经过 10 个循环所采集的样品砖均未发现裂缝或掉角等现象，说明现在保留下的砖其经过使用、冻融等考验，均是质量优异的砖，耐久性不好的砖，均已经被时间淘汰掉。

2.4.3 遗址区砖的保护建议

冻融研究标明，大部分砖的耐冻性比较好，但是由于实验研究的时间有限，不排除砖砌体在冻融下发生崩解，采用合适的牺牲性保护措施对于缓解剧烈干湿交替及避免冻融是有意义的。憎水处理由于降低了砖的透气性能，不适合作为砖的保护的措施。砖砌体的损害主要源于粘合剂的缺失，而与砖的强度等无关，所以，砖砌体的保护主要集中于归安、填缝、顶部保护等工作。

根据与广教寺遗址类似的南京大报恩寺的砖比较，经过微米石灰和正硅酸乙酯处理的砖在毛细吸水系数明显降低，从未处理前 $6—14kg/m^2\sqrt{h}$，降低到 $3\quad 5kg/m^2\sqrt{h}$，重量吸水率轻微降低，毛细吸水系数的变化范围变窄，说明在吸水速度降低的同时，容纳水的空间仍然开放。经过微米石灰和正硅酸乙酯处理的砖强度上有明显增加，建议仅作为表面风化的，特别是有粉化的砖的固化组合材料。

微米石灰和正硅酸乙酯材料处理过的砖对提高砖的冻融性能方面没有贡献，没有处理的砖，其冻融后饱和吸水及毛细吸水率均降低，而经过微米石灰和正硅酸乙酯材料处理过的砖在冻融后饱和吸水降低，毛细吸水系数增加，而毛细吸水系数增加说明吸水速度加快，这不利于砖的长期保存，所以：所有保存完整的历史的青砖不建议进行任何的固化干预，均不采用任何可以改变砖表面张力的所谓化学封护。

2.5 遗址区砖石粘合材料和面层的特征及其保护实验研究

2.5.1 砖石粘合材料的特点

砖石粘合材料包括了砌筑粘合材料、垫层材料以及抹灰材料。实现组对取样砂浆进行了砂浆配比分析得出：宣城广教寺遗址的残留砌体的砌筑灰浆主要为石灰和土混合，根据不同使用位置，其配比系数不同；推测砌体表面采用纯石灰膏进行粉刷，不含河砂，也未发现麻丝等纤维材料。

2.5.2 遗址区砖石粘合材料和面层的保护建议

广教寺遗址原有砖石砌体的砌筑灰浆为添加不同量泥土的石灰灰浆，抹面为纯石灰膏。尽管抹面的年代为晚清到民国，比较新，但是作为代表性的装饰面层有保留价值，应予以保护。另外，在遗址本体中发现添加了青砖粉、碎块的灰浆强度比较高，建议采用添加河砂、青砖粉、碎块的灰浆进行归安、勾缝。

装饰面层有保留价值，应予以保护，建议采用无水的微米石灰添加30—50%当地的土（干燥研磨后过筛）进行加固。初步研究表明，添加合适填料的微米石灰具有低收缩、高粘结性等优点。

建议工艺如下：

（1）残余石灰粉刷层边部采用石灰修补，留注射孔。

天然水硬石灰黏结剂配方

序号	材料	重量比
1	天然水硬石灰 NHL2 或 NHL5（EN459—1/2010）	35%～45%
2	石灰岩粉或石英粉 0.5～0.7mm	53%～65%
3	丙烯酸可再分散乳胶粉	0%～1%
4	其他助剂（木质纤维素、纤维素醚等）	0.1%～1%

加水量：约35wt%到可施工稠度。

上述配方可以添加30—60%岩石或砖粉（面）配制出修补用料，先试验再施工或采购工厂配制好的成品。

天然水硬性石灰注射黏结剂配方

序号	材料	重量比
1	天然水硬性石灰 NHL2 或 NHL5（EN459—1/2010）	99%～100%
2	其他助剂（减水剂、纤维素醚等）	0.1%～1%

以上配方加水约50%，适合石材、砖等大于0.3毫米的裂隙无压力或加压注浆。根据裂隙宽度可以最多50%的骨料。

由于上述配方为吸水石灰，未完全固化时不耐冻。在有冻融地区施工期需要提前 2 个月在冰冻期结束。

（2）将 30—50% 的干土添加到 Ca（OH）$_2$ 含量为 50% 左右的微米石灰中，分散均匀，过滤，沿注射孔注射达到饱和。

三、遗址墙体的"软盖层"保护技术实验研究

3.1 遗址墙体保护技术的发展

暴露于室外的考古遗址最容易受到各种风化侵蚀，从而加速其劣化进程，其中最重要的外界影响因素来自其所处环境剧烈的温湿度变化。应用于遗址墙体保护的各保护技术方式依次为覆棚保护、硬盖层保护、回填保护、黏土盖层保护和软盖层保护，其功用和局限介绍如下。

3.1.1 覆棚保护

（1）定义

覆棚就是在遗址上引进一个新的构筑物，为暴露于室外的遗址提供间接的保护。一个最直接和临时的方式就是在遗址上覆一个屋顶。美国亚利桑那州的国家大公园，希腊阿波罗神庙以及我国的金沙遗址博物馆都是覆棚保护的著名案例。

覆棚有两种主要形式：开放式和封闭式。覆棚使用的材料有木头、金属、混凝土，甚至有塑料。开放式覆棚保护倾向于使用轻质构架，为了开放景观视野。这种覆棚必须使用先进的构造技术，如钢丝绳或者张拉膜，案例有希腊的阿波罗神庙。封闭式覆棚保护，就是将遗址完全用新造的墙和屋顶包裹住。为了能使视线穿透遗址，多用玻璃，但无法避免所形成的实体物理屏障，案例有我国的金沙遗址博物馆。

美国亚利桑那州国家大公园遗址覆棚保护

金沙遗址博物馆

（2）局限

尽管覆棚能够使得遗址免于雨水、降雪、地表径流和阳光的直接影响，但覆棚保护的举措通常也破坏了遗址的美感，并且歪曲了对遗址的阐释。撇开设计而论，覆棚的引入总体上不可避免地要对景观、考古遗址文脉的真实性造成破坏。就此矛盾的解决实例有苏丹努比亚为塞姆纳寺庙所建造的可移除的覆棚保护。然而这种保护设计策略往往由于维护资金有限，通常寿命不长，基本不被采用。覆棚保护在设计的策略上试图去解决的问题，本质上来说就是观众体验和遗址保护两种力量抗争的妥协。

覆棚保护策略，尤其是封闭式的，从保护功能表现而论有两方面主要缺陷：一、缺少有效的微环境控制；二、由于对外部宏观环境的控制而产生的持续增长的构造和维护成本。由于覆棚保护有上述难以解决的策略缺陷，最新的趋势在于为遗址保护寻找对景观干预最小、且能提供功能保护的替代性方式。

3.1.2 硬盖层保护

（1）定义

硬盖层保护的使用可以追溯到早期考古时期，人们使用石灰、水泥或灰泥浆，在材料处于塑性阶段时水平涂抹于遗址墙体的端部，其硬化后形成防水层。二战结束后，随着住宅建设量的激增，水泥因其凝结速度快、气候适应性强、成本低廉，用其做遗址墙体的盖层成为一种流行的方式，因为这种硬质的面层不仅能为墙体排水带来便利，而且也可兼作游客的观光游览之用。不同于覆棚保护的方式，硬盖层保护方式必须与保护本体发生直接接触，并且用作硬盖层的材料配比也几乎数不胜数，因此对硬盖层保护的有效性研究很难给出一定简单的结论。

（2）局限

虽然硬盖头对遗址和景观的原真性和完整性不那么具有破坏，但由于其与遗址本体的硬粘接，在对其进行更换维护时还是会对遗址结构本体造成破坏，并且现有的不少研究都发现硬盖层甚至会加速遗址结构本体的劣化进程，尤其是厚水泥墙盖层的两侧区域很快就发生被"啃噬"的现象。

例如，英格兰肯尼沃斯城堡的墙就由于水泥基砂浆盖层造成水流集中，进而发生严重的破坏。上世纪六十年代，欧洲各国的保护专家在许多其他的保护工程研究案例都发现了破坏往往发生在硬材质介入的周边，由于与历史材料不兼容，新旧材料的冻融循环与温度应变反应不相匹配，加大了保护本体开裂及渗水的情况发生。硬盖层在长效表现性、维护引起的破坏方面有着不可忽视的缺陷。

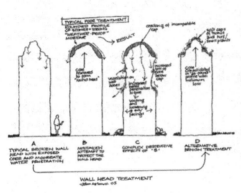

硬盖层造成的破坏过程解析图　水泥基修补造成的砖墙面侵蚀案例

3.1.3 回填保护

（1）定义

回填保护作为替代覆棚、硬盖头保护的一种替代方式，就是将原有遗址的开挖部分全部或部分用其他材料（主要为土工复合材料、土）覆盖。事实上，回填并不会停止遗址的劣化，但是却能够大大降低这一进程。回填通常是将原开挖空间填满，但会选择性地暴露重要的遗址特征。回填保护遗址靠两种方式：一、通过覆盖使遗址免受雨水、风、植被、阳光、动物和人类的直接破

133

坏；二、建立稳定的环境平衡，降低温湿度的变化，从而使蒸发结晶的发生远离遗址本体。回填通常用于历史价值较高的遗址，并且回填保护还需要后期监控，防止植被破坏等。

（2）局限

尽管相比覆棚保护、硬盖层保护来说回填对遗址的侵入性是最小的，但回填限制了未来的可能性，游客对遗址的直接体验被完全阻隔了。如果遗址本身具有模度并且采用了部分回填的方式，那么游客也还能根据未回填的部分获得联想；但如果是不具有模度重复的小型遗址，那么就谈不上体验了。

另外，在对木结构的保护中，已经证明，在对潮气的运动没有把控的情况下采取回填对遗址是危险的。排水系统和土工复合层虽然能够帮助排出潮气，但也可能困住潮气，促使生物滋生。总结来说，回填后缺少监控、维护、评估也是回填遗址面临的主要问题。

3.1.4 黏土盖层保护

（1）定义

黏土盖层保护与回填保护很类似，也是使用土和土工复合材料。但与回填不同的是，其所覆盖的主要是历史构建的表层，如马赛克、历史铺砖。黏土盖层保护是利用黏土的保水性使得整个系统慢慢地达到与周边环境的平衡，从而防止温湿度的突变。由于黏土很可能容易被冲刷走，土工复合材料就用来防止黏土被冲刷走。古德曼在土耳其高尔迪恩的建筑露台上装了临时的黏土盖层，保护复合土砌体墙。他的研究在多方面都很关键。第一、他明确了用黏土进行稳定的方针。他同时指出可逆性、美学、可读性，以及安装的便利性是干预保护设计的最关键因素。第二、他明确指出未来干预的关键部位，并对未来的研究发展给出了方向。第三、他采用了不同的灵活方式达成了保护的目标。例如，他坚持改性石灰灰浆作为牺牲覆盖层极容易造成冻裂，这是在监测保护墙内冻融循环结果得出的。在紧急需求过后，黏土层就可以被移除，然后引进更好的系统。

（2）局限

黏土覆盖层虽然看上去对遗址的保护非常有效，但由于古德曼在后续的跟踪研究中因设备故障造成大量数据丢失，而同行这方面的研究薄弱，导致目前无法定量地去评估稳定系统有效性。

3.1.5 软盖层保护

软盖层保护就是在遗址墙体顶部覆盖上土壤和短根系草皮、植被的保护方式，利用植被覆盖层的保温性，及天然的水分蒸发能力达到控制遗址墙体顶部环境变化的幅度，最主要是温度变化，达到保护遗址本体的目的。软盖层在浪漫派的保护语境下不仅没有对遗址造成破坏，反而增加了遗址的废墟感。另外，由于软盖层不具有硬粘接性，因为在移除过程中不会对遗址造成破坏，移除所消耗的人工、时间较小，对环境不具有任何污染。

在上世纪 90 年代末，约克大学考古系主办了遗产保护研讨会，希瑟·韦尔斯教授受邀并受托竞标英国古迹署研究基金：研发、评估覆盖于遗址墙体顶端的软盖层。软盖层是由一层薄土（5—10 厘米）和耐干旱的植物（如草、景天科植物）构成，并在遗址墙体自然生长。由于英国古迹署在之前对一些遗址的初期试验结果非常令人鼓舞，他们想通过科学的评估判断软盖层是否具有保护作用。这项先锋试验的研究结果发表在英国古迹署的研究学报上，并且发展成为正在进行中的八年研究项目（英国古迹署资助，由牛津的韦尔斯教授和英国古迹署的伍德总负责）。该项目已经在实验室测试墙和全英格兰的现场试验墙体上开发出了一个全新的、综合性体系，对评估软盖层的有效性提供了广泛的基础。这项研究所提供的广泛实证表明，软盖层有效降低了墙头的温度变化，将霜冻破坏降至最低。同时，研究表明软盖层可以对遗址墙体顶部潮湿区域起到调节作用，减少水对墙体的渗透，减少外墙面水的流径。到目前为止，该研究还未发现软盖层导致的恶化加速现象。对各种不同类型的软盖层也进行了评价，其中包括草和景天科植物。

另外，软盖层保护技术在苏格兰有着百年的使用历史，在这百年的实践观察中，苏格兰得出的最终结论是：除了极端气候环境下，软盖层对保护露天砖石砌体有效、经济、可逆，是一种高性价比保护方式，且具有良好的景观效果。最近十年对英格兰又对软盖层保护技术进行了科学研究实验，其数据有效证实了软盖层保护技术的科学性。

安徽宣城所处气候温和，降雨丰富，根据苏格兰的研究报告推测中国沿海域范围的气候环境是适合软盖层技术的应用的，且上位规划中该处遗址保护提出了城市"绿心"的战略规划。在对比国外案例（下图）我们发现，不仅民国时期的矮墙可以采用软盖层保护技术，软盖层保护对该遗址区中明代大殿遗址的保护也是非常适用的。

SkaraBrae, Orkney（HistoricScotland）　安徽宣城明代大殿附近遗址断墙

根据软盖层在欧洲大陆的几个国家，苏格兰、英格兰、瑞典、波兰、冰岛、德国、丹麦等的研究与实践发现，软盖层保护技术的成功最关键有两点：

（1）植被的选择

许多失败的案例显示商业草皮的种植失败可能性较大，需要在移栽前期与气候干燥时期进行特别的维护，且会造成视觉的单一性。因此，在对软盖层保护适用性实验后还需要进行的下一步研究工作就是对本土的，尤其是遗址区附近的植被进行调研，选择适合安徽宣城气候与审美的种植植被，如本土的景天科、禾本科、草本科植被，并进行配比研究。

（2）软盖层的设计

除了植被的选择，盖层的构造也是软盖层成功的关键，尤其是对于较薄的墙体，土壤所能提供的养分储存量有限，如何通过软盖层的构造设计保证土壤有足够的能力供给植被的生长，又保证不会让根系生长过于迅速。这需要在下一步的研究工作中对基层土的厚度，及软盖层的盖层构造做进一步的实验观察与研究。

3.2 软盖层技术在本土环境下的研究

我国对遗址保护多采用室内保护策略，这一方面由于我国所开挖出的遗址多为土遗址，而对土遗址进行覆棚保护是目前为止的最佳策略；另一方面也由于我国在对遗址露天保护技术研究的局限，导致了我国在对遗址的保护上造成了策略选择的局限。

随着我国的建设开发，遗址保护数量的上涨，以及遗址保护与城市发展的结合，势必对遗址保护策略的多样性有了实际的需求。在上述遗址墙体保护技术发展综述中，我们可以看出，软盖层保护是一种有效结合景观、生态的露天保护策略，并且这种保护方式符合"遗址公园""生态遗址"等城市发展策略，值得我们对其进行本土环境下的适应性研究。

3.2.1 研究缘由

根据《宣城广教寺双塔保护总体规划》城市发展战略中提出的城市定位："城市环敬亭山发展，敬亭山风景区将成为城市'绿心'，功能由风景区转变为城市公园。"广教寺双塔作为敬亭山风景名胜区的重要组成部分，除了承担文物展示、历史文化传承和遗产保护宣传等功能外，还将成为市民的重要户外休闲场所。在具体的展示设施设计要求中，明确写道，"对大殿遗址进行地表模拟展示，对宋代建筑遗址进行覆棚展示，其他已发掘遗址可通过植被绿化提示、地面铺装提示等方式进行展示，通过植被绿化对寺庙的主要历史空间格局进行提示。"

基于上述上位规划与设计的方向指导与要求，未来的广教寺双塔后的大殿遗址部分将需要以露天的方式进行展示，并且作为城市的"绿心"，要求进行植被覆盖。选择软盖层保护技术除了本章文献综述结论部分已对软盖层保护技术本身做出了适应评估，对宣城气候环境下的技术适应做出预判外，还基于东方对遗址的审美中确包含有对植被的认可：

> 将命适于远京兮，遂旋反而北徂。
> 济黄河以泛舟兮，经山阳之旧居。
> 瞻旷野之萧条兮，息余驾乎城隅。
> 践二子之遗迹兮，历穷巷之空庐。
> 叹黍离之愍周兮，悲麦秀于殷墟。
> 惟古昔以怀今兮，心徘徊以踌躇。
> 栋宇存而弗毁兮，形神逝其焉如？
> 昔李斯之受罪兮，叹黄犬而长吟。
> 悼嵇生之永辞兮，顾日影而弹琴。
> 托运遇于领会兮，寄余命于寸阴。
> 听鸣笛之慷慨兮，妙声绝而复寻。
> 停驾言其将迈兮，遂援翰而写心。

(摘自魏晋《思旧赋》向秀)

通过设计要求分析及对国际流行的保护策略的研究，我们认为软盖层技术在此项目上具有技术与审美的可行性，并且"软盖层保护技术"从长远看来具有广泛性的应用前景。但由于安徽宣城所处暖温带与亚热带过渡气候与国际上对软盖层研究所处的海洋气候不同，国际上虽然给出过适应性的推测，但无人求证过是否确实可行。因此我们的研究要做的是判断软盖层保护对安徽所处环境的有效性，并且如果有效，在此前提下进行下一步的研究工作，如优化调整覆盖植被与软盖层构造，以适应本土的气候与审美。

3.2.2 研究方法

实验人员通过砌筑了两堵宽 3 米、高 0.7 米、厚 0.36 米的空心墙模拟宣城的遗址墙体。砌筑所用的砂浆配比为勾缝剂：黄砂：石灰：水 = 13：7：1：10，砌筑用砖为老房子上拆下的青砖，尺寸大小约为 22 厘米×10.5 厘米×5.0 厘米。墙体砌筑在屋顶木质栅格地面所铺的透水土工布上，砌筑完成厚附上不透水保护膜，养护 3 天。

之后在其上选取马尼拉草、四季青、景天科植物群（千佛手、红之玉、大姬星美人、观音莲）以及小叶佛手作为软盖层的植被材料，以及文远楼楼顶露台自然生长的景天科植被。并采用无菌土种植草皮，用复合有机肥料种植土种植景天科植物。

实验人员将实验的墙体分成四部分，依次为 A 完全暴露于空气中，模拟硬盖层修复；B 景天科种植物，土壤厚度约 8 厘米；C 四季青草皮，垫有防水层，土壤厚度约 6 厘米；D 马尼拉草皮，土壤厚度约 8 厘米。为了防止土滑落，实验中使用了粗麻布对土壤进行了包裹，C 段的防水层塑料板被包裹进了麻布里。实验人员将温度记录仪器的探针安置都在实验墙体各段的中点位置，并在露天放置了一个温度计记录仪器。另外，实验人员还对四段盖层下中间部分的砖截面进行了深度方向的湿度测定（选用 7 厘米和 11 厘米深度的湿度探头）。

温度监测设备的安装

堵墙的湿度测点（南向）

3.2.3 实验结论

（1）软盖层在减缓砖砌体顶部受所处环境带来的温度骤变方面有着显著的效果；

（2）软盖层保护下的砖砌体相比于硬盖层，在降雨后需要更长的干燥时间，但经过1天干燥后砖砌体的面层湿度与硬盖层没有明显的差异；

（3）在软盖层下设置防水层并没有起到干燥墙体的效果，对墙体进行的截面湿度测试反映防水层下的墙心更湿；

（4）商业草皮与景天科植被，及移栽的屋顶景天科植被，初期总体存活情况尚好，但单层商业草皮在边缘处有枯死迹象，而景天科植被在边缘处存活状况良好。

3.3 研究结论与实施方案建议

根据初步的研究结果，建议安徽宣城广教寺建筑遗址露天展示砖石墙体采用"软盖层"方式保护，节点构造如下图

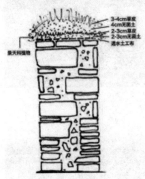 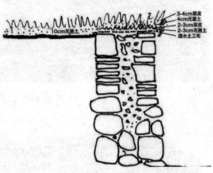

建议独立墙体软盖层构造节点　　　　建议背土墙软盖层构造节点

软盖层植被首先建议选用宣城当地常见草皮，如没有合适的可选用商业草皮如马尼拉、四季青、紫羊茅或六月禾，边缘处选择种植如大姬星美人习性的景天科植被。另外，建议对采用双层草皮种植法的软盖层下层草皮选用草皮根系较为密实的商业草皮或当地草皮，种植时略超出保护墙体3—4公分。

四、广教寺遗址展示利用方案

4.1 遗址展示总体方案

广教寺双塔遗址的展示力求忠实展示本次考古勘探揭示的不同时代广教寺寺院建筑形态特征，表达寺院悠久的历史及其在地

方社会发展中的作用。根据考古发掘对遗址的认知，遗存的丰富程度以及遗址的适宜性条件，确定本次展示的重点对象为：宋元时期灶台及建筑地面铺装遗存（七区）；宋元时期戒台、水池遗址（三区）；明末清初大殿地面铺装及供台、柱础遗存（四区）；明代石经幢遗存（一区）；清中晚期院落铺装遗存（六区）；民国建筑院落，包括地面、残墙、天井（二区）。

　　展示方式依据遗存材料对外部环境的适宜性，以及区域排水情况确定，主要分为三类措施：

　　（1）遗存可以适应外部气候环境，且不存在排水不畅问题时，采取恰当的保护修缮措施后，原物展示；

　　（2）地坪较低不利于排水时，无论遗存对环境的适宜性如何，均采取回填后抬高地坪，地面模拟展示措施，并根据需要在回填前采取保护措施；

　　（3）遗存材料不宜在室外环境保存，但又不宜太多的抬高地坪时，采取覆盖保护直接作为模拟展示层的措施。

　　4.2 遗址各区域展示方案

　　4.2.1 一区保护与展示措施

　　（1）保护措施：该区域考古发掘后，比现在的地表低 0.9—1.9 米，因该区位于遗址的入口，设计考虑整体回填。

　　（2）展示措施：按照保留的数据对砖铺地面石经幢进行复制展示，其中石经幢的复制采用 3D 打印。砖铺地采用规格同形式复制展示。

　　4.2.2 二区保护与展示措施

　　（1）保护措施：该区域保留了场地原有的地坪标高，墙体高出地表 1 米多，保护不采取回填，对残墙和地面进行修复。地面做保护层。

（2）展示措施：墙体原状展示，地面保护层作为展示面。

4.2.3 三区保护与展示措施

（1）保护措施：该区域考古发掘后，比现在的地表低0.5—0.7米，因宋元遗址整体面貌尚不够清晰，因而采取回填保护。

（2）展示措施：按照留存的数据对青砖砌筑的戒台、砖石砌筑的水池遗存进行模拟展示。

4.2.4 四区保护与展示措施

（1）保护措施：该区域位于中轴线尚，为明末清初大殿位置，对展示区域的寺院格局十分重要。区内大部分保留了大殿原地坪标高。因林场时期种植的水杉树对遗址有不利影响，保护时清理了3株大树，对大殿地面做了维护后，覆盖保护层做展示。其中对宋代道路遗址采取了回填，大殿前的遗址现象不够清晰，做覆草保护。

（2）展示措施：地面保护层即为展示面，其他无遗址区展示。

4.2.5 五区保护与展示措施

（1）保护措施：该区域基本保留了原地坪标高，不采取回填。仅对残存石砌墙基和石铺地面进行维护，作排水梳理后展示。

（2）展示措施：道路、排水道原物展示，建筑墙基维修后原物展示，建筑遗址内原建筑室内地坪采用植被展示法。

4.2.6 六区保护与展示措施

（1）保护措施：该区域保留了原建筑室外地坪标高和较为完整的清中晚期院落铺装，修缮后直接展示。

（2）展示措施：院落原物展示。

4.2.7 七区保护与展示措施

（1）保护措施：该区域考古发掘后，整个地坪较原地表低0.5—0.9米，考虑到地势排水不利，设计采用保护回填，地面模拟展示。

（2）展示措施：按照留存的数量复制灶台、建筑铺装遗存进行展示。无建筑铺装遗存地面素土夯实，上撒黄色粗砂作为遗址展示的衬底。

4.3 遗址保护与展示最终效果

修复后遗址效果

五、结语与展望

1. 安徽宣城广教寺遗址的保护是国内首个采用软盖层保护的遗址。软盖层虽然比起硬盖层所需要的后续维护较少，但在长期干旱时节还是需要进行人工浇水维护的。在软盖层铺设初期，需要对种植的草进行修建，这样可以保证在初期所需的养分与水分要求较低，能够顺利发育存活。

2. 在软盖层种植后的1年后的夏季，便需要对软盖层进行勘察，因为这一时期是最容易发现是否有木本科植物在软盖层中发育，如果有需要立即清除。如果采用商业草皮，需要按照采用的草皮是几年生的进行更换，虽然死去的草皮也能起到保护砖石砌体的作用，但会影响遗址整体的景观效果。

3. 事实上，在条件可能的情况下，对宣城遗址区本体的几处软盖层墙体宜进行为期 2—3 年的后续监测，这些监测数据不仅能够为该遗址本体后续的软盖层技术改进提供有效的宝贵数据，而且这些研究也有利于我国对遗址保护的技术发展。这里，我热烈地期待着我国的保护技术发展能与文物保护的管理共同发展。

广教寺古井

广教寺古井，位于双塔塔院西北侧，距离西塔约 49 米。井深 11 米，井口直径 0.8 米，井水至今清澈。井壁圆形，自下而上用弧形青砖砌筑，靠近井口的位置用横竖相间的方式砌至井口，砖均呈弧形，应当是专门烧造而成。接近井口的地方用石块砌成。井口有四块青石条，上面用石块围成椭方形井圈，20 世纪 80 年代初对井口进行了加固修缮，2018 年对井口再次进行加固并增加了六边形的井圈。

古井原貌

传说，广教寺始建于唐代中叶，规模宏大，其中主寺院就有九百九十九间庙房，寺院所用大规模建筑木料，都是从广教寺庙旁的那口水井金鸡井中捞出来的。《光绪宣城县志》载："城北广教寺右。唐黄蘖禅师建寺千间，其树皆松萝。相传禅师托迹海外安南国，募化松萝万株，至期有金鸡斗入井中，而松萝随泉涌出。架屋九百九十九间，后灾毁。至今井口横塞一木尚存。"此后，那口井便得名"金鸡井"。如今，广教寺已毁于日机轰炸中，只剩双塔和塔院西北侧这口古井，只是井内那根横木已不见了。那传奇故事代表着一种情怀，吸引着来往游客一睹为快。井内壁上布满了青苔，一年四季，碧绿如茵，使井水更加清澈如镜。

井的普及和发展是一个漫长的历史过程，是先民们智慧的结晶。人类早期利用天然河流或水池里的水，但是容易浑浊、枯竭。水井的发明，是随着定居生活和农业生产的发展而出现的，与人们的生产、生活密切相关，是生产力进步的标志。随着人类的不断进步、生产工具的不断发达，掘井以取得清洁用水，人工开凿适于人类使用的井泉，十分迫切并且成为可能。自从人类使用水井以来，一定程度上摆脱了蒙昧状态，身体健康得到一定保障，河流、水池带来的流行性、传染性疾病大大减少，从而对人类繁衍起来良好的作用。

从目前的考古资料看，长江下游地区浙江余姚河姆渡第2层的木构浅井和上海青浦崧泽发现的两口马家浜文化圆形或椭圆形浅井，是我国迄今为止发现时代最早的水井实例之一。尤其是河姆渡遗址出土的木构竖井，它的发现揭示了井字象形这一千古之谜，充分显示了河姆渡先民丰富的想象力和高超的建筑艺术。

黄河流域稍晚一点已出现了人工凿井，开始摆脱了饮食用水上的蒙昧状态。三千年前的商代古井，是一过渡形式，直接发展为战国秦汉的相当先进的具有世界先进水平的井制，到了东汉六朝时，已经基本定型。从开始凿井而饮以后，无论在矿井上或农业灌溉上，打井技术相互交流，相互促进。对于更为准确地选定井位寻找水源，也有所前进。明清时期，关于凿井，我国人民积累的大量的系统的技术知识是我们古人的劳动成果，也是我国对世界文明的重大贡献，是值得我们十分珍视的科技遗产。

俗话说："一方水土养一方人。"井的挖掘，冲破自然的局限，为文明的发展争得一块自由的空间。水井的所在位置、数量、流量往往决定村落规模。推断水井年代的主要依据除了井的形制以外，主要是井内出土器物。水井的遗物及数量能够反映当时当地居民人口密集程度、生活习俗等一些基本情况。此井深度宽度都有一定规模，供应几百人饮用水源不成问题，也由此可见当时寺庙僧侣众多。

由于井位于地下的特殊性，广教寺古井因为未曾发掘过，所以无法判断井内是否残存器物，也无法根据器物进行准确断代。从广教寺"历代重修；元末毁于兵火"；明朝洪武年间，有僧人于故址创庵，并于洪武辛未（1391）立为丛林；明末广教寺再次被毁，此后未再复建；至乾嘉时期，大殿又废，仅存石佛殿二进，而且很快圮废，现仅存双塔和金鸡井"等史料无法判断井的时间年代。根据井的规模以及砖的形制我们可以大致推断此井为明清时期古井并延续至今。至于此井是否为传说中的唐代金鸡井，也已无从考证。

从古至今，"井"这一意象就具有丰富的历史和文化意义。从上古神话中描述的最瑰丽最高贵的"井"，到《庄子·秋水》

中的"井底之蛙",魏晋南北朝的"志怪小说"中关于"井"的传说,再到唐诗中的"金井梧桐",再到市井生活中诸多包含"井"的民谣等,"井"这一古老而独特的民俗遗迹早已在古代文化尤其是文学艺术中奠定了重要的地位。

井供人们饮用、供农业灌溉同时还是重要的军事战略资源寄托着人们"凿井而饮"的理想生活。井还有消防、拨水运物、冷藏食品、军事侦察的作用。井还象征着通往另一个神秘世界的通道,中国古代志怪类小说,如《太平广记》引《稽神录》:"既入井,但见城郭井邑,人物甚重。"《搜神记》:"谢纠,尝食客,以朱书符投井中,有一双鲤鱼跳出⋯⋯"等。金鸡井的传说,应该也与此息息相关。古井作为具有文化和艺术价值的遗址的一部分属于风貌保护的范畴。井是一种重要的地标因而具有其保护价值。古井是一种文化景观,也属于世界遗产的范畴,要加以保护利用。

修复后的古井

广教寺古井保存良好,2019年我们增加了井栏石块和井面铁丝网,对井口和水质加以保护。其所处地理位置对于保护利用也非常便利，增强古井的景观功能，与广教寺遗址展示利用以及双塔旅游相结合是个很好的选择，可以充分利用古井的历史典故、古井的文化背景、古井的造型特色、古井的变迁兴衰史等发展旅游。同时更要加强对古井文化的发掘以及古井形制的研究，以便充分发挥古井的文化和观赏价值、研究价值。

广教寺古井

广教寺双塔保护管理大事记

1953 年

春，芜湖专区在广教寺原基址创建宣城园艺场，第一任场长张克守。

1956 年

广教寺双塔被列为安徽省文物保护单位。

1974 年

8 月 3 日，应国家文物局及宣城县革委会之邀，同济大学教授、著名古建筑专家陈从周、喻唯国赴敬亭山勘察广教寺双塔，对该塔的建造年代作出鉴定，撰有《宣城广教寺双塔勘察》。陈从周《宣城志古》（《书带集》，三联书店 2002 年 7 月版）

1979 年

1 月，国家文物局专家组组长罗哲文教授至敬亭山视察广教寺双塔情况，并对修缮、保护工作作了重要指示。

1982 年

夏，宣城县文物部门邀请南京工学院刘叙杰副教授至敬亭山对双塔进行测绘，发现东塔第五层内还嵌有佛像，每面各一对，有的保存尚完好。并写出《安徽宣城广教寺双塔调查及整修计划》。

1985 年

10 月 11 日，广教寺双塔遭雷击，部分损毁。邑人吴介夫有诗记其事。

1988 年

1 月，广教寺双塔被国务院公布为第二批全国重点文物保护单位。

1989 年

4 月 1 日，广教寺双塔开始新中国成立后第一次修缮，聘请东南大学古建专家刘叙杰教授任总设计师，由徽州古建研究所负责施工。次年 4 月 9 日全面完工。

1992 年

由东南大学杨德安教授设计，恢复建设了广教寺双塔塔院仿宋山门。中国佛教协会会长赵朴初题写"广教寺双塔"匾额。

1993 年

10 月，宣州市政府划拨文物保护用地 71.3 亩作为双塔管理用地。

1994 年

6 月，省文物局和宣城地区、宣州市相关部门商讨广教寺塔院建设事宜。

1995 年

3 月，广教寺双塔塔院工程正式开工，工程的主要内容有排水工程、挡土墙、院墙。

4 月 6 日，为切实加强双塔保护和施工管理，宣州市文化局、宣州市公安局印发《关于加强广教寺双塔保护管理的通告》。

1996 年

6 月 6 日，双塔塔院山门建设工程破土动工。

1997 年

4 月 5 日，广教寺双塔塔院建设基本完成，对外开放。
7 月 7 日，宣州市编委同意成立广教寺双塔文物保护管理所。

1998 年

4 月 13 日，宣城地区防雷中心对双塔避雷装置进行检测，结果符合要求。

12 月 1 日，安徽省军区司令员沈善文少将来双塔参观考察。

1999 年

3 月 15 日，国家文物局党组副书记、副局长郑欣淼来双塔参观考察。

8 月 5 日—11 月 5 日，安徽省文物考古研究所组织对广教寺遗址进行考古发掘。

2000 年

7 月 11 日—25 日，广教寺双塔山门维修、围墙修补全面开始。

2001 年

3 月 11 日，中央人民广播电台主任记者焦金英来广教寺双塔采访。

2002 年

8 月 27 日，省委书记王太华、省委常委、省委秘书长王明方来双塔参观考察。

2005 年

12 月 3 日，宣城佛教界擅自举行了重建广教寺奠基仪式，并在建设控制地带内开工建设，导致塔院山门被毁。

2006 年

1 月 15 日，国家文物局执法督察组赶到宣城，要求重建广教寺项目立即停工，并于 1 月 26 日致函安徽省政府通报此案情况，督促宣城市政府查处。

6 月 28 日，国家文物局单霁翔局长亲自来宣城督查重建广教寺违法案件。

2007 年

3 月，宣城市人民政府委托中国建筑设计院建筑历史研究所编制《宣城广教寺双塔保护规划》。

2009 年

1 月 17 日，安徽省文物局在宣城组织召开了《宣城广教寺双塔保护规划》专家评审会。来自中国文化遗产研究院、故宫博物院、安徽省文物考古研究所、安徽建工学院等单位的专家参加评审。

5 月 20 日，由中国建筑设计研究院建筑历史研究所编制的《宣城广教寺双塔保护规划》（文物保函〔2009〕590 号）经国家文物局批复同意，规划重新调整了广教寺双塔保护范围和建设控制地带，并要求山门、大殿、二殿应于 2009 年前拆除，其余两座大殿应于 2015 年前拆除。

9 月 2 日，重建广教寺违法建设开始拆除。

11 月 30 日晚，市委书记高登榜主持召开广教寺整改专题会议，形成了会议纪要，提出坚决贯彻国家文物局的意见，服从国家文物局批复的要求。

2011 年

4 月，重建广教寺全部违法建筑拆除完毕。

6 月，国家文物局对宣城广教寺双塔山门恢复工程设计方案进行了批复。

9 月，宣城市文物局委托中国建筑设计院建筑历史研究所编制广教寺双塔保护区环境整治设计方案。

2012 年

3 月，受宣城市文化局委托合肥光信科技发展有限公司编制了宣城广教寺双塔文物保护区安全防范系统设计方案，经国家文物局批复同意。

5 月 28 日，广教寺双塔建设控制地带内的宣城市敬亭湖宾馆建设项目方案经国家文物局批复同意。

7 月，广教寺双塔保护区环境整治设计方案经国家文物局批复同意。

2013 年

2 月，广教寺双塔建设控制地带内的华坤敬亭山低层住宅建设项目方案经国家文物局批复同意。

10 月，广教寺双塔保护区环境整治工程项目通过国家发改委争取到国家文化和自然遗产地项目保护资金 500 万元。

2014 年

4 月 15 日，广教寺双塔进行新中国成立后的第二次维修，施工单位合肥市弘兴古建筑修缮公司，监理单位安徽徽州文物工程勘察设计有限公司。同年 12 月 15 日完工。

5 月底，安徽省文物考古研究所对广教寺遗址进行第二次发掘工作。至 11 月底结束。

2015 年

6 月 5 日，广教寺双塔环境整治项目调度会在市敬亭山管委会召开，副市长黄敏主持并讲话。市文广新局、市文物局、市宗教局、市发改委、市国土局、市敬亭山旅游度假区管委会负责人参加调度会。

7 月 28 日，广教寺双塔山门恢复工程开工，同年 11 月 25 日竣工。

2016 年

2 月，广教寺双塔维修工程经省文物局组织专家验收合格。

4 月，《广教寺双塔遗址展示利用工程设计方案》经国家文物局批复同意。

7 月 23 日，广教寺双塔保护区环境整治一期工程正式开工，施工单位是无为县益东建设工程有限公司，监理单位宣城科信建设监理有限公司。同年 11 月 5 日完工。

2017 年

8 月，广教寺双塔遗址展示利用工程正在开工，施工单位曲阜市三孔古建筑工程项目管理处，监理单位安徽中灏工程监理有限公司。

9月，受宣城市文物局的委托，安徽省文物考古研究所对宣城市广教寺双塔管理用房（拟建）用地范围内开展考古勘探。

2018 年

2月，广教寺双塔保护区环境整治二期工程开工，中标单位滁州市瑞景园林建设有限公司。项目内容是对一期环境整治未完成的部分实施绿化、亮化，并新建东大门门楼一座、广教寺历史文化浮雕景墙一面，仿古亭一座。同年10月竣工。

3月，广教寺双塔管理用房工程开工，施工单位天长市富春建筑工程有限公司，项目内容为新建管理用房一座，代建敬亭山景区公厕一座。同年11月竣工。

4月，广教寺双塔遗址展示利用工程竣工。

11月，广教寺双塔保护区安全防范工程深化设计方案经省公安厅信息化处审核通过。

12月，广教寺双塔保护区安全防范工程开工，施工单位百年金海科技有限公司，项目主要内容为安装文物保护监控系统。

2019 年

9月，广教寺双塔遗址展示利用工程经省文物局专家组验收通过。

10月，广教寺双塔保护区安全防范工程竣工。

2020 年

11 月 25 日，中国志愿服务联合会会长刘琪来双塔参观考察。

广教寺双塔历代文献汇编

一、方志记载

广教寺在城北五里余敬亭山南，唐大中己巳刺史裴休建，佛殿前有千佛阁、慈氏宝阁。相传其材皆萝松，黄檗禅师募之安南。寺后有二金鸡，相斗入井出水，因名金鸡井，材自井出，显师神异。阁完，余萝松八株，师植殿前荣长。别有柏二株，主持僧有禅行异者，即开花数色。元设御讲僧，曰讲主，座下数百人，法堂曰雨华，方丈曰宝华，室曰笑华，曰圆照，轩曰松月，曰雪屋，亭曰怀李。山门外有桥亭曰碧莲梵花亭，左右有池曰连珠，多长松灌木，有律海、迟贤、江东福地诸亭。宋太宗赐御书百二十卷，僧惟真建阁贮藏。里人郝允李建观音殿，并梅尧臣记。元末尽毁。明洪武初，僧创庵故址。辛未立为丛林，详里人文学詹应凤《广教志略》。古寺虽墟，两浮屠犹双峙立于山门之前，土人亦名曰双塔寺。**嘉庆《宁国府志》**

二、历代高僧

清越 敬亭山新兴寺僧。文昌四年（844）唐武宗毁寺时，新兴寺被毁。裴休任观察使时，与新兴寺诸僧一同上书请求复建新兴寺。后在黄檗禅师的大力支持下，终于建成新兴寺，即后之广教寺。清越于敬亭山修行40余年，能诗善文。许浑、张乔、齐己等唐代诗人均有诗赠之。

黄檗希运 （？—850）福州福清人。幼年在本州黄檗山出家。身长七尺，相貌庄严，额间隆起如珠；聪慧利达，精通内学，时人称之为黄檗希运。后来因人启发，到江西去参马祖道一。他后来在洪州高安县鹫峰山建寺弘法，并改其名为黄檗山，往来学众云集，故称黄檗禅师。会昌二年（842），裴休为江西观察使，迎请黄檗禅师于钟陵龙兴寺，且夕问道，并随录日常对话成集，为《钟陵录》。大中二年（848）裴休改任宣歙观察使，移镇宣城，又请黄檗至宣州开元寺，随时问道，并记录为《宛陵录》，即是现行的《传心法要》。黄檗希运禅师以"般若为本、以空摄有、空有相融"的禅思，大弘禅法。裴休复建新兴寺，黄檗赴安南募化，得萝松万株，遂成大寺。大中四年（850），黄檗禅师圆寂于宣州开元寺，赐谥号"断际禅师"。其弟子临济义玄，创建出中国禅宗最盛的临济宗一系。

蕴聪 （965—1032）又称谷隐聪、石门聪、慈照禅师。广东南海人，俗姓张。出家后，参礼百丈道常禅师，继之参礼首山省念禅师而有悟。后历参湖北洞山守初、太阳山警延、智门师戒等禅师。咸平年间，住襄州石门山。天禧四年（1020），禅师移住谷隐山太平兴国禅寺，两山徒众多达千人。天圣十年（1032）三月八日圆寂，世寿六十八，谥号"慈照"。李导勖为撰塔铭。著有《凤岩集》，生平行实见《天圣广灯录卷第十七》。据宣城县志记载，景德年间，禅师曾在宣州广教寺开堂讲法，偈颂传于

时，曾经拈古韵作偈云："天龙举指接俱胝，便从当下息分机。直至于今用不尽，叵耐当初这师姨。"见张商英《文鉴集跋》

达观昙颖　（1011—1082）名昙，谷隐聪禅师弟子。俗姓丘，钱塘人。13岁在龙兴寺出家，据《禅林僧宝传》卷二十七记载，他"神情秀特，于书无所不观，为词章多出尘语。"《罗湖野录》记载他"投子聪禅师与海会演和尚，元祐间道望尽著淮上，贤士大夫多从之游。"可见其才情和名望。他十八九岁游京师开封，与欧阳修相游乐。后谒大阳明安禅师，有偈对流传。惘然弃去，至石门谒谷隐聪禅师，有偈对流传。先后住舒州香炉峰、润州因圣寺、宣州隐静寺、明州雪窦寺，最后驻锡润州金山龙游寺。元丰五年（1082）坐化，寿七十二。达观在隐静寺时常至敬亭山广教寺讲法。梅尧臣与之交好，相交近30年，嘉祐二年（1057），达观在明州雪窦山时还与之赠答。酬唱诗数篇。

文鉴继真　（？-1063?）字希道，钱塘人，广教寺僧人。谷隐聪上人嫡传弟子，佛典上则说是达观禅师法嗣。能诗，《宣城县志》记载他"少勤于诗，鼓琴甚工，通《易》与《春秋左氏传》，所至为人讲解，其后置不复道。以其得于慈照禅师者，开堂住广教山，惟诗弗废也。其为诗也，澄渟雅瞻，言肆而旨，远非如凡僧辈，刓句抉字，区区于草花云月之间。"文鉴禅师大约在皇祐年间即驻锡广教寺，梅尧臣与之交好，有酬唱诗数篇。

可真　（？-1064）福州长溪人。石霜楚圆禅师法嗣。曾住隆兴府（今江西南昌）翠岩山，故又称翠岩可真。后迁潭州（湖南长沙）道吾山。以其辩才无碍，名闻遐迩，世称真点胸。治平元年（1064）圆寂。遗有《翠岩真禅师语要》一卷，收于《续古尊宿语录》。可真禅师在宋至和年间曾驻锡敬亭山，后往苏州。

邑人梅尧臣有诗赠答。

明寂绍琎 师从琅琊雪窦天衣禅师、宣州兴教寺坦禅师。居敬亭山广教寺。后迁太平州瑞竹寺，退居西堂。绍琎居广教寺时，宗杲禅师曾向其问禅，以师事之。经绍琎禅师之指点，宗杲禅师很快便洞达了先德之微旨。绍琎禅师对宗杲禅师超常的慧悟感到非常诧异，叹为"再来人也"。

若讷、惟真、志来 均为北宋初期广教寺僧人，梅尧臣与之交好。

义嵩 随州智门光祚禅师法嗣，约在北宋初年为广教寺住持。见《续传灯录》

从愿 智海普融道平禅师法嗣。

守困 保宁觉印子英禅师法嗣。

密印元照 保宁觉印子英禅师法嗣。以上三人均为广教寺住持，见《嘉泰普灯录》。

景模 广教寺僧人，文鉴禅师弟子。文鉴死后，搜集其遗诗，编为诗集，又南北奔走，延请李常为作序，张商英、李公择、滕元发题跋。元丰二年（1079），又邀请贬谪为黄州团练副使的苏轼手书《观自在如意陀罗尼经文》，刻于石，修建广教寺双塔，安置在广教寺双塔二层。

净端 （1029—1103）字明表。晚年自号安闲和尚。俗姓丘，湖州归安人。受业吴山解空院，得法于临安龙华院齐岳禅师。净端道行深远，为世人所敬重。史载王安石通道德之学，出言为经，局贯九流，尤味禅悦，常见师偈颂，称之曰，有本者如是尔。吕惠卿留意内典，多所论著，天下缁衲鲜获印可，尝道过吴山，停舟相访，一语相契。章惇神锋高峻，一世龙门，疏请传法灵山坟寺，奏赐命服，曲留累年。师与诸公谈道之际，不可少屈，飘如浮云，去来唯己，未尝肯以名位惜词色也。以三公之尊，重师如此，则其道行不言可信，而其高风遗韵流通后世为不诬矣。元祐五年（1090），吕惠卿谪居宣城，邀请净端禅师至敬亭山广教寺说法，留居数月，作有《宣城吕大资招游黄檗山》《别丞议赴宣州吕大资请》《吕公求坐禅颂》《吕大资求坐禅颂》《昭亭山石盎泉》《别吕大资》等诗偈。崇宁二年（1103）十二月五日，一笑而化，寿七十四。以陶器瘗于归云庵下。著有《吴山净端禅师语录》二卷。

守讷　（1049—1122）俗姓郑，自号莫莫翁，苏州人。拜杭州净慈寺圆照为师。先后居芜湖吉祥院、江宁能仁寺、华藏寺，后隐居泾县金峰 16 年。宣和三年（1121），钱即任宣州知州，礼聘为广教寺住持，一时"四方释子抠衣问道，云集辐辏"。宣和四年（1122）三月十八日卒于广教寺，年七十六。火化后得五色舍利，其弟子虚藻等奉遗骨建墓塔于广教寺西南隅，一部分归葬泾县金峰。禅师为人劲直精敏，勇于践履，禅观之外，博极群书，赋诗属文，自号"莫莫翁"，有集行于世，作《大藏节要》二十门，门门为之序。节《宗镜录》十卷，拟寒山诗数百篇，浩博渊奥，事理并举，皆以寓教，观者获益焉。事见李弥逊《宣州昭亭山广教寺讷公禅师塔铭》。

宗杲　（1089—1163）字昙海，号妙喜，宣州宁国人，俗姓奚。12 岁入宁国县东山慧云禅院出家，17 岁在宣州景德寺受具足戒。初参曹洞宗诸名僧，遵江西宝峰禅寺住持湛堂文准禅师之命，往汴京天宁寺参临济宗高僧克勤，深受克勤器重。精研佛典，博学雄辩，成为临济宗杨岐派代表人物。靖康元年（1126）

受赐紫衣及"佛日"称号。建炎元年（1127），圆悟克勤禅师奉敕主江西云居山真如寺。次年杲公登山省觐，留山任首座，继主云居山，山寺颇有中兴景象。因受前辈大臣张商英赏识，又与名臣张九成友善，开罪秦桧，于绍兴十一年（1141）被夺衣牒，充军衡州，转徙梅州。15年后遇赦，得还僧服，定居杭州径山寺。绍兴三十二年（1162）赐号"大慧禅师"，卒谥"普觉禅师"。宋孝宗亲制赞文，丞相率百官入山致祭。弟子在明月堂侧为其建塔供奉肉身，诏改明月堂为妙喜庵。他能诗善文，多著作。主要有《语录》《法语》《普说》《宗门武库》等，合编为全集八十卷。绍兴二十五年（1155）宗杲遇赦复籍，二十六年（1156）正月二十一日自梅州北归，经庐陵、长沙、九江等地，于本年十月回到宣州，他"馆于敬亭山"。与广教寺住持长老同登敬亭山，缅怀黄檗断际大师希运。并作《广教长老》一诗赠之："浮云散尽无凝碧，春色消融山更青。我爱禅翁淡如水，时来相伴度残龄。"在宣数十日，作《普明琳禅师真赞》，并拜谒了时任宣州知州的楼炤，作《颜简卿简室铭》《汤承事庆龄庵铭》）。

天童应庵　（1102—1163）名昙华，俗姓江，蕲州黄梅人。17岁于黄梅东禅寺出家，次年受具足戒。后上云居山，参谒圆悟克勤（1063—1135）禅师，痛与提策，趋走唯恐居后。圆悟赴蜀地云游，指示他去宣城彰教寺拜会绍隆禅师。

绍隆　（1077—1136）是圆悟弟子，和州含山人，后来成为临济宗杨岐派下虎丘派祖师。建炎四年（1130）绍隆移驻苏州虎丘，应庵为其先导。应庵在虎丘未半载间，通彻大法、顿明圆悟，遂辞别绍隆云游诸方。先后云游处州连云寺、衢州明果寺、蕲州德章寺、饶州报恩、荐福寺、婺州宝林、报恩寺，江州东林寺，建康蒋山寺，宣州广教寺、平江万寿寺、南康归宗寺，最后驻锡明州天童寺。隆兴元年（1163）六月十三日圆寂于天童寺。著有《应庵昙华禅师语录》10卷，乾道二年（1166）刊行。绍兴三十一年（1161）秋，应庵自建康蒋山寺来到广教寺，张孝祥于绍兴三十二年（1162）正月陪同宣州知州任古拜谒昭亭山神庙，拜访应庵、如庵二僧，有诗赠之。应庵禅师大约在绍兴三十二年四月归苏州虎丘光孝寺。

无用净全　（1137—1207）号无用，俗姓翁，诸暨（今属浙江）人。20岁出家，从大悲山神辨禅师。淳熙十六年（1189），住苏州承天寺。绍熙初，由苏州承天寺移锡敬亭山广教寺，又至建业宝宁寺。绍熙间住持庆元府天童寺。事见《补续高僧传》卷十、《续传灯录》卷三十二、《新修天童寺志》）。

北涧居简　（1164—1246）字敬叟，俗姓王（一说姓龙），潼川府（四川三台）人。临济宗僧。早年于潼川广福院出家，依同邑广福院圆澄得度，后参谒别峰宝印，一日，读《卍庵道颜语录》而有所省悟。次谒育王寺德光，心机契投，修学15年，遂得其法印。其后，历参江西之罗湖晓莹、洋屿庵之大慧宗杲等。初于台州报恩光孝寺弘法，后退居杭州飞来峰之阴。当时张诚之请师至平江虎丘山，江东之佛教徒亦请师至东林、云居，师皆不应。未久，移住杭州净慈寺，大开法道。于寺之北涧构筑一室，名为苇室，并作赋以示己志。淳祐六年四月一日示寂，世寿八十三，世称"北涧居简"。现存著作有《北涧文集》十卷、《北涧诗集》九卷、《北涧外集》一卷、《北涧和尚语录》一卷。其著作对日本的五山文学曾有很大的影响。嘉定中，驻锡宣城彰教寺（城西十五里丁山），离敬亭山不远，曾多次来敬亭山广教寺讲法，作有《广教不厌亭》，淳祐三年（1243）广教禅寺重修，居简为作《广教水旱后化斋粮并修造疏》。事见《续传灯录》卷三十五、《释氏稽古略》卷四、《五灯严统》卷二十等书。

僧坚 元代广教寺高僧。能诗，为名流称许。

荣枯崖 名元荣，号枯崖，俗姓梅，泾县田中里人。元代广教寺主持。元帝召见，赐金襕袈裟。坐化。

行潜、立轩 均为元代广教寺僧人。

智延 号龄峰，亦称"净慧明辩弘教大师"，俗姓焦，邠州知州焦文显孙，籍贯不详，佛法精湛，曾为御前讲师。先住吴兴西余山大觉寺，约在至正十三年（1353），移驻敬亭山广教寺。

果斌禅师 金陵天界寺住持。嘉靖四十二年（1563），应知府罗汝芳邀来宣城，留宿广教寺，有《宿敬亭》诗。

法通 即从石上人。受法于报恩寺守愚禅师，又受法于摄山栖霞寺。万历二十一年（1593）到宣城，开堂敬亭山广教寺，讲解《楞严经》。万历二十八年（1600），僧性果又延聘他主讲西乐庵。禅师精通六艺，研习老庄阴符黄庭诸书，曾为《逍遥游》作注。亦善于作诗。在宣城期间的诗作，编为《宛中草》，由开元寺僧灵公刊刻成书，邑人梅守箕为其作序，推崇备至。

元亮 号清音，河南信阳人，《浮山志》一说他号清隐，郾城人。俗姓萧，法恺弟子，初住桐城县浮山，崇祯十五年（1642）来宣城，在敬亭山广教寺讲《楞严经》。后在城南趺坐而化。

本月 （？－1675）号旅庵，浙江秀水人（今浙江嘉兴），俗姓孙。初参南京报恩寺通琇，继谒天童寺从山翁道忞禅师。顺治十六年（1659）六月，道忞奉诏入京，得到顺治赞赏。此后，数次应诏入京，旅庵本月和山晓本皙二人亦随后入京传教，历住奉圣寺、龙池寺。后退隐松江九峰寺。康熙五年（1666），与喝涛、石涛来宣城，驻锡敬亭山广教寺，著有《敕住善果旅庵月和尚奏对录》。

石涛 法名原济，又作元济。本明靖江王后裔，幼年遭变后出家为僧，康熙中，拜松江本月禅师门下，来宣城，驻锡敬亭山广教寺。以善画闻名，为清初画坛集大成者。

喝涛 原为明靖江王府宦官，法名元亮，字喝涛，号鹿翁，世称亮禅师。明亡后于全州湘山寺出家为僧。康熙年间，嗣法松江本月禅师，来宣城，驻锡敬亭山广教寺。后驻锡麻姑山。善诗工画。《五灯全书》卷九十四记载：宣州广教喝涛亮禅师上堂：心不是佛，六六还他三十六。智不是道，墙壁瓦砾呵呵笑。若作佛法商量，入地狱如箭射；不作佛法商量，入地狱如箭射。毕竟如何理会？卓拄杖曰："万古碧潭空界月，再三捞漉始应知。"

二、相关文章

新奏条流敕　裴休

使帖新兴寺当道诸寺、宫观等。

五月八日奏：当州□（寺）① 观四十所，虽有名额，少人主持，多在村乡，久已隳坏，女冠道士皆是愚女愚夫，并多蓄养夫妻，逃避徭役，滥披道服，不改凡心。斗竞每烦于公门，□肉长盈于私室。盗用产业，窃据房廊。颇伤圣□□（之）玄风，实蠹明时之善政。天下州郡，此弊皆□□□。陛下临驭以来，恩泽普

---

① 文内□为原缺字，括号内文字为编者据文义试补。

洽，人皆欢庆，俗已和平。重兴释门，再扬妙教。福田之地，常闻钟梵之音；削染之徒，咸修清净之业。天人合应，夷夏同风。唯此道门，未蒙梳理。伏乞圣慈，特赐处分。比者寺观虽多，不免滥浊；又被官寮寄客，假借杂居，践踏伤□，□皆痛惜。今寺观既少，修事颇严，自今后并请□（敕）□（不）许俗人居住。伏乞特降严敕，使久永遵承，景□□臻，祯祥必应。臣职当处置，辄敢奏闻，轻黩宸□，□增战越。奉六月十四日敕："宜依。仍委裴休严设条流，不令俗人居止者。"

右国家崇奉二教，俾人向方，必资精严以助化理。比者释道滥浊，无人主持，厨库房廊皆充客馆，庄田奴婢唯奉纲维，守戒行者远近不安，破律议者寻常得志。玄风妙道，孰辩是非。今朝廷再阐法门，当道别奉严敕，须有条制，永作规模。自今院宇并不得借俗人居住，厨库并不得停过客来往，鞍马酒肉并不得辄入寺门，坊市闲人并不得蹋践堂殿。其有信心体敬，睹相归依，供养设斋，庄严建造，并不得制约，一任往来。其僧尼道众，有不守本教、粗行违法者，仰徒众纲维连状申报，不得隐藏。县司除有违法事勘责外，不得擅有官方，使不安泰。各下县准此勾当，仍勒诸寺、宫观具奏状，敕文、条流如法刻石于三门内为记者。

大中二年九月二十六日帖，正议大夫、检校工部尚书、持节宣州诸军事兼宣州刺史、御史大夫、充宣歙池等州都团练观察处置等使、上柱国、河东县开国男食邑三百户、赐紫金鱼袋裴休。

广教寺双塔历代文献汇编

宣州新兴寺碑铭并序　卢肇①

至哉！邃古已来，天之永锡正命者，其惟帝唐乎！圣祖神宗，光启土宇，垂亿万祀，克承休嘉，莫不以礼乐先兆人，以慈俭任天下。仁居惠往，营魄离者，而其施犹存；揭浅厉深，心迹泯者，而厥功亦在。常善救人，常善救物，非至德谁能普行之？故鬼神受祉，黎元乐康，宝祚延洪，率由此道也。于是表大觉为灵根，与群生共有；叩真空而不坏，惟圣者独知。非崇夫金轮氏之教，则焉得穷理尽性，齐万法于物我哉！是以沉善恶于洗妄之泉，擢枝茎乎植性之囿。尝令学者，崇饰精庐，显有堂皇，亦如庠序。郡国分理，必付元臣。将俾群生，罔不开悟。且夫斯干秩秩，止在周邦。灵宫彤彤，唯居鲁国。曷有列刹映乎霄颢，飞甍丽乎阳光。瞻彼玉毫，俨然金地。翠轩雕耽，岫耸云攒。遍于州郡（都），若斯之美与！

若夫宣城新兴寺者，会昌四年既毁，大中二祀，故相国太尉裴公之所立也。公讳休，字公美，河东闻喜人。代齐（济）文德，洎公弥大。擢进士甲科，登直言制首。未三十，由拾遗迁殿内。鸿名伟望，迭处清雄。入奉丝纶，出省风俗。拜春官则齐驱骥骒，视民部则克阜生齿。至于调入王府，货出水衡，洎陟台司，亦劳厥事。凡三拜廉察，五授节旄。孙先生有愧知兵，山巨源当惭视吏。揆路既长乎百辟，荆门复平乎水土。公降由辛未，归以甲申。为唐硕臣，作佛大士。光珉显竹，此不复书。所至之邦，必兴修净行。大中二年拜宣城，常与名缁会难。有设疑以试公者曰："三界虚妄，群生颠倒。可有修行能解缠缚？孰为智慧

---

① 卢肇（818—882），字子发，号乐轩，宜春人。会昌三年（843）状元。累官歙州，吉州刺史。

可化凡愚？胡为乎公之区区，徒自挠耳？"公曰："噫嘻！珠玉在椟，启之则见其珍；圣贤有门，行之则践其阈。分途而往，惟善恶焉。善恶如东西耳，趣之不已，则至其所焉，在乎推心于不染，驭马于无途也。如是三界信真实，群生非颠倒。但学者不能窒欲攘贪，遗名去利。弗舍有漏，而思住无为耳。然舍之自我，取不由人。非用智慧，解彼缠缚，如此则了无一物，以挠吾真也。"……

武宗时毁寺，而宣之新兴，故有崇基广厦，文甍雕甍，鞠为土梗，唯乔柯灌木，森耸涧漠（壑），祥烟翠霭，交覆岩麓耳。及宣宗诏许立寺，宣之四人相鼓以力，请先立之于宣郛。公独不许，遂命蕊蒻上首元敬谓之曰："吾闻之新兴寺，大历初有禅师巨伟，南宗之上士也，与北宗昭禅师论大慧纲明实相际于此，始作此山道场。后有浩禅师作草堂于道场西北，其旁有藻律师居之。律师去世，门人立塔院。贞元中，巨伟之门人灵翘始请于太守，合三院而为寺。彼皆智慧杰出，亲启山林。今之立寺，无以易此也。"议定。

郡东故有妙觉寺，寺虽毁而杉桧多大十围。一旦，有二龙斗谷中，拔大树三十二，视之皆殿宇之材也。公叹曰："将立寺而龙拔巨树，天其有意乎！"遂用之。于是霜斤沐楹，玉砂莹础。上下其响，音中桑林。不期年而云攒四荣，风摇宝铎；蟠拏六扇，月照金铺。胜纪一源，缭墙百雉。缮修多罗为摄受，置无尽藏为庄严。口窻幽邃，轮奂博敞，盖江南之首出也。初奉诏隶僧三十人，今其存者（万历府志此处多一"少"字）大半。构殿立门，有轩有庑，则律师元敬、法华、道延首其事。编经立藏，不遗句偈，则维摩从省、禅门真会著其功。善集檀施，备修房廊，

学于三时，旁窥六义，则金刚清越服其勤。而法华遂言涅槃明则
洎法林超度（受），皆以禅学为宗。律师道随，宜春人。幼植净
行，得泥丸妙旨。一日，以披文相质之事，造余于新安。余既许
之，道随复言，继二十人皆苦修持，能遗物累，则有应玄、友
恭、道幽、仁宝、怀赍、从俭、惟恭、文明（昉）、师回、师宗、
思静、常政、文畅、弘畅、契蒙、景先、法进、惟勤、志弘、玄
操，与前辈又为三（二）十人矣。而太尉所立，有殿内千佛，有
地藏院，有上方石盆院。又以俸钱入膏腴之墅，为地藏香火。定
中之谋，始于太尉。太尉作之，门人述之。有作有述，谁曰不
然？乃为铭曰：

奕奕新兴，敬亭南麓。巨构崇基，峥嵘煜（晔）煜。伊昔既
毁，神愁鬼毒。洎将再营（荣），天人合福。绝有遄龙，其怒则
触。助作栋楹，拔此巨木。雨运风移，腾川跨陆。神怪戮力，老
幼同心。蚨翼飞货，龙鳞布金。揭立赫奕，化成嵌崟。玉础方
丈，花台百寻。日明香刹，云生宝林。太尉裴公，耸其学者。宏
以戒（威）光，甘露披洒。示厥有为，取彼难舍。必有精灵，扶
持大厦。小儒刻石，有惭史野。永言歌之，庶近风雅。《全唐文》
卷七六八，《文标集》补遗，括号内文字据万历《宁国府志》卷
十三《艺文志下》校

新兴寺佛殿石阶记释　清越

十三年秋，嗣天子用旧制安天下释像。明年二月，兹寺巨殿
石砌，果而成功。维时冠祠刹尊貌，踞极敞千户，比其在阶陛，
得无坚强耶？始台杰河东公定而崇之，俨然峻峙。既像素壁，绘
座严侍列。中瞻环眩，千一焕若。乃丹其甍，乃赭其楹，林池谷

墍，煜燳辉变。遂以修氂，务周其功。不六七年，蒿张蔓植，圮缺大半，盱者伤目，咸不为然。始十年秋，徒聚文议，以为祇敬有本，不类他构。言其石也，于器坚永，能百千万岁天地日月而终始者，余无如之。因择其善，俾化于俗，鸠赈悉俩，易而牢之。寺有耆德惟恭，行苦心真，亟欲俾壮，惟俟胜乐。闻其善，犁晨遽征，询道之俗，虽祈寒暑燠，衣坏履冗，不暇修歇。昼思夕虑，惟殿之陛，如是凡五年而完之。其为利则深矣！为功则永矣！信夫根斯而施也，览群施而无俦焉。故始末之知，人多不与；殆知之则枭生师内，万室皆空，艰于化缘，肯綮难就，不有劲志，孰能修之？且不固其根，不理其源，岂高栋大庑，徒得辄而处之耶？抑初召工选石他峤，内怀纠缠，不泄于抱；及就砻琢，曲折势状，自新于心目，皆奇之。陛级镂饰，若本天匠，则阴沴浸征，阳火蒸铄，信无变泐，以隳其初。余谓庶几乎①。既而甍翼廊楯前庑，材石交结②，砌铁好上符称，气增名蓝。由是宾车日来，金共嗟敬，誉极乐者，又何云乎？

噫！大道汩而像设见，彼经经然不知所归，汲不以兹耶？其或嘻嘻族居，不能以毫益，岂慈圣之徒耶？必为而忘之，神不兹泥，则游外者亦何以诮？余谓后五百岁嗣佛子作佛事如恭者，人无间然。大中十四年二月二十一日，敬亭僧清越记。《文苑英华》卷八二〇，《全唐文》卷九二〇

① 此下疑有缺文。
② 按：《全唐文》言此处有缺字。

广教寺双塔历代文献汇编

175

吴宣州新兴寺崇福院五百罗汉碑　徐善①

大哉金仙氏之为教也！乾坤不足方其广，毛发不能拟其微。执于空则是法有为，征于实则无形不灭。周设方便，尽兴阶缘，故系生死，莫先归敬。水，宗海也，其初必以川以源；山，极天也，其始必从丘从阜。犹阿罗汉渐佛，神通未泯，行藏于大乘，尚留隐见于小果，谓心由境，以境生心，临眇弥则想济利之无边，览岩险则存维持之有路。盖如是，所以台岭石桥之外，明睹往来；衡峰车辙之巅，日闻栖止。举兹以证，触类可推。

若乃感覆载之长违，报劬劳之罔极，才遑视息，但竭孝思，历求佛像之高奇，全倒货财之股夥。耳疲磬钟，措备香烛，恭陈像设之精严，式广人天之赞叹。斯为功德，不可较量。所谓援垫溺于舟航，烛幽阴于日月，又焉有烦恼肯迟于冰泮，吉祥能带于云臻？况不世之英雄，亲无生之壶国。

大吴既造，鸿祚勃兴，哲王奕叶而纂承，无辅膺期而匡佐，其间炳烈，自载史书。永太军节度、楚州观察处置等使、检校太傅、相国公徐知证，即大丞相、守太师、赠大元帅、谥忠武、追封齐王之子也，今诸道都统、金陵德胜宁国等军节度、东海王、镇南军节度中书令本部王之弟也，润州团练使、忠义军节度、检校太保、同中书门下平章事之兄也。仁贤天授，道义生知。孔伯鱼之诗礼既通，谢玄晖之城池是镇。暨顺义丁亥岁冬十月，罹丁苦块，哀溃肾肠。规曾子之绝浆，继高柴之泣血。

一旦，睿圣文明光孝皇帝陛下闻而谓侍臣曰："我朝之建，

① 徐善：洪州（今属江西）人。杨吴时为杨行密赏识，歙州刺史陶雅辟为从事，累官中书舍人。《十国春秋》卷九有传。

176

广教寺双塔保护与研究

先弼之忠，体其茂勋，俦其丕德。若水火之为用人，一日而不可无；若寒暑之既行，一时而不可阙。曩思外统，仍正鸿名。令则画一于四方，恩则来苏于万井。阐文物，张武功。恢拓土疆，剪除凶狠。姬旦造周而比业，绛侯安汉以成功。永兴山河，垂诸今古。噫！气序适周而岁谢，星辰方烂而蟾倾。惜定数之有常，贻宵形之永痛。矧惟冢嗣，妙运化权。今手足之皆贤名，弓丧之克肖，俾膺顺变，谅协致君。"既而凤诏皆宣，龙纶散布。虽理所之相远，而哀情之一同。交有谘谋，各勤孺慕。且事亲于已往，专何善以弥臧。俄征释理之最诚，以奉祇圆之无斁。乃坚一念，俱叩真如。前名宝刹于报先，次额福田于崇孝。而相国公遄归视事，勉副夺情，爰见军吏，而自名曰："凶讣自临，贸迁尤昨，睿旨旌纯，诚之后时，情重茂绩之家，致荷优恩，更弘庆祉。然光名教，必在荐修，既益终身之谋，抑彰不朽之道于人子者也；且如来广大，教法自然，都体空无，孰拘染着。其归依也，百万趣可同一趣；其响应也，高下心可同此心。即三千界之非有非无，如五百圣之不多不减。欲求胜地，重列尊容，冀灵应之克彰，被慈悲之有自。"

乃悉前而白曰："宣之爽垲，寺曰新兴，田畴莽苍以西奔，雉堞巍峨而南涌。敬亭北峙，石鼓东趋。足假神功，别规精舍。则圣者以境生心之所，天台车辙之居。"相国公乃听斯言，将图厥事，而属罢制临之远炳，升旄钺之近藩，爰以规模，委以亲信。材之宏者，以车以筏而皆市；匠之敏者，发粟发金而遍招。垒础云堆，挥斥雨洒。于旧寺东北隅，造正殿七间一十七架，门楼一间，轩廊两间，行廊四十三间，钟楼一间。前列二亭子，僧院二所。于殿塑中尊佛像，又菩萨兼阿难迦叶，并殿内外栋牖、帐座等，并施彩绘。然后雕镂万态，金碧相辉，凝巧善于冥搜，竭多能于意匠。装大阿罗汉五百身，莫不端严若语，顾盼如生。方袍纫云水之文，道具馥沉檀之气。时或住持禅子、循礼耆僧，夜炉添百和之烟，晨虡锵两栾之韵。六根并润，三业齐醒。信历劫而延休，实弥天而受福。

于以知先齐王，其来也，二仪大以输其用；其去也，三宝乃以通其情。造化是出于心神，威稜盖安于家国。故以富流乎子孙，宜乎东海王之绍也。调元气而动著休声，总万机而一无遗务。而英风之后难为继，大节之高不可逾，则大司徒为相之业，又一得东海王之所履焉。永太相国公成是功德，所谓一灯传百千灯矣。其为追奉先王，增崇同气，不其远欤！不其伟欤！

其土木工役，绘塑勤劳，自初迄终，凡三岁有余。既毕以事奏闻，天□□称，帝书奖异，赠额崇福院。善滥以不才，叨居□□，□奉台诲，俾勒贞珉。惭无鸿笔之称，谬窃色□□□。不敢坚让，乃为铭曰：

□□□见，是法才生。汉君有梦，梵教爰行。救沉迷之结业，指信惠以开程。真空永在，世劫徒倾。其一

□室言兴，法王聿护。巍若神后，感兹元辅。构岌嶪□基址，成延绵之历数。贤圣降灵，子孙垂裕。其二

朝廷失赖，师老俄沉。九天变色，六合惊心。帝颜惨□□□积，民泪滂沱而恋深。非弘誓愿，孰荐光阴。其三

□实辅臣，嗣皆贤相。陶冶中委，藩宣外仗。叠丁而号动天地，哀绝而念生回向。式重法门，周罗圣像。其四

德门令器，名部通侯。英姿挺出，孝道周流。泣陈功果之圆熟，拜启圣贤之荐修。弥天造福，永世垂休。其五

句水大藩，新兴右地。添立绀宇，谋依旧寺。斤绳冥替于新作，雕镂相符于本意。檐匐供香，醍醐献味。其六

于家于国，为子为臣。一端既正，诸佛斯邻。想先哲之增庆，已升天面化身。懿哉净业，永乃通津。其七

陟岵虔诚，奉贤集社。胜利何广，信心所始。荆枝各茂于封建，阮巷还司于燮理。吴史之光，相君之美。其八

崇轩邃殿，极巧搜奇。周回骈列，五百容仪。如出定以凝视，若交言而有思。期观景像，动益慈悲。其九

制设惟严，威光圆满。兜率堂殿，毗耶轩馆。经行自月以绵岁，忏诵连宵而及旦。声实不隳，炎凉自换。其十《宣城右集》卷六

广教寺新建御书阁记　梅尧臣

吾适宣城北门，过广教佛祠，视所建阁，涂丹砂，画曾青，间铅黄，灿然其盛矣。吾谓古者，或路马以足蹙，路马有诛，见马犹致虔，不虔于刍犹致诛，况圣人运智，思存不朽者，此夫路马与刍，其弗恪当何如？推此意以建阁，秘天踪，岂不宜哉！始时沙门继真者，通《春秋》《左氏》学，知尊君卑臣之义，其所掌太宗御书一百二十卷，一日诣守臣曰："贞（真）依方外教，蒙天子德惠，与四海臣妾均。天子又不鄙夷其教，以此书为禅门之镇，真虽所学自殊，然被圣主之泽，当修外臣之节，定欲营构。"守臣喜之。

于是审其地势，募财辟基，伐木于山，山高木巨，人力莫移，当俟暴雨注壑，迨能泛浮而至于溪。今其度材巨倍于常，青天白昼亦无阴云，发源漂流尽出溪口，工人大异，不求善价，神符民协，亦可怪耶？皇祐三年孟春，其阁成，础胜于楹，楹胜于

栿，栿胜于栌，栌胜于欀，小大相等，重轻相载，其势昭峣，与昭亭峰岭相压，若此之壮，非用宝玉者翰墨不可也。真措意于道理，去就见矣，庸庸以希福为先？此独尊仰万乘，使率土之人知所奉为先，吾故重其如此云。《宣城右集》卷七

广教寺观音殿记　梅尧臣

夫时之情，富有则侈，侈无不饮食嗜欲先其身，先身必重父母，必重祖祢。是以中国礼义之贵莫贵于为孝，孝莫贵于顺事亲。顺事生者则可以尽志，事亡者则不可以通情。事生，甘肥温凉固可致，寿考修远不可致；事亡，盘飧享献固可为，胅歆依据不可知。世皆勉勉于礼尔，不勉者众矣。

里人郝氏子允敷，不侈其身奉其母，母年逾八十，未尝阙养，知鞠育之劳，每恐惧于心，思无穷报也。既以厚亡者，亦以厚死者。闻西方之说，生有苦乐，死有流滞，惟海山孤绝之处，白衣危坐之像，能随音赴意，不逆于人，乃曰："我非儒、非农、非工，上无所学，下无所宗，安知外夷之传是耶非耶？但欲生者常乐而寿，死者无滞乎幽，则其为祖考之意可见，何有顾啬也？"昭亭山广教院观音像、殿久不完，故发于心诚，谋于伯昇，以钱百万营起之。吾知西方之说茫荡不可，竟以其人措心存意，无背中国之礼者孝也，遂书其实以励顽浮。至和二年六月十八日记。

《宣城右集》卷七

180

文鉴师诗集序　李常①

嘉祐中，予为宣城从事。方是时，梅公圣俞归里中，久之，仕于宣城者适多好学有文，而其乡党之秀与四方之士暨浮屠老子习者又多艺能，乃相与讲摩六艺，而游梅公之门。予于是时自谓取友得人为最多，士人之才且贤者，今其著事业，暴声名，亦不寡矣。于僧得文鉴师焉。师少勤于诗，鼓琴甚工，通《易》与《春秋》、《左氏传》。所至为人讲解，其后置不复道。以其得于慈照禅师者，开堂住广教山，惟诗弗废也。其为诗也，澄淳雅瞻，言肆而旨远，非如凡僧辈刲句抉字，区区于草花云月之间。师既死，诗多散亡，今其存者才若干篇，弟子景模索于残编蠹轶中，次为若干卷，轴之，度江求余言以冠慰夫死者，亦可嘉矣。师名继贞，字希道，钱唐人也。元丰庚申季秋日，尚书度支员外郎、秘阁校理李常叙。《宣城右集》卷九

文鉴师诗集后序　张商英②

余至广州，有僧景模携其师文鉴集以求序。予晚生，不及见文鉴，得梅圣俞与之唱酬诗十三篇，又得范文正公所赠二篇，以

①　李常（1027—1090），字公择，建昌（今属江西）人。李莘弟，黄庭坚二舅母。皇祐元年（1049）进士，志和元年（1054）任宣州观察推官，累官御史中丞、知郑州、成都府，卒于行次。事见秦观《赐紫金鱼袋李公行状》（《淮海集》后集卷六）、苏颂《龙图阁直学士知成都府李公墓志铭》（《苏魏公文集》卷五十五）、《宋史》卷三四四有传。

②　张商英（1043—1121），字天觉，号无尽居士，蜀州新津（今属四川）人。治平二年（1065）进士，累官中书侍郎、尚书右仆射，卒赠少保。著有文集一百卷，已佚，《两宋名贤小集》辑为《友松阁遗稿》一卷。《宋史》卷三五一、《东都事略》卷一〇二有传。

圆顶衲僧厚于二公，则其有足重者矣。文鉴得如来正法眼藏于谷隐聪，开堂于宣之广教，颇有偈颂流行。《文鉴禅语》余尚未见，昔者尝观聪拈古云："天龙举指接俱胝，便从当下息分机。直至如今用不尽，叵耐当初这师姨。"今文鉴为聪之适子，则文鉴之宗指又可知耳。文鉴之亡将二十年，而景模拳拳南北奔走，求李公择、滕元发诸公题跋序引，欲以广大师之名，尤未已也，复有求于予，景模之志庸可拒乎？

元丰四年二月二十六日，张商英天觉云。《宣城右集》卷九

宣州昭亭山广教寺讷公禅师塔铭　李弥逊

昭亭山广教寺住持师守讷，寿七十六，僧腊四十五，以宣和四年三月十有八日无疾终阇维，得舍利五色不可数计，其弟子虚藻等即奉师骨塔于寺之西南隅，一分以葬金峰师之旧隐。逾月塔成，虚藻持余友人邵搏旸叔状来请铭，状曰：

师族郑氏，其先吴人，本衣冠子，业进士，有声场屋间。性刚志洁，不喜接世俗事，视纷华澹如也。闻栖霞山云澍庵主能以出世法导人，因往依焉。后游钱塘净慈寺，得圆觉几案间披卷，恍然若获旧物，诵至"今者妄身，当在何处"，心目开明，踊跃自喜。乃弃儒衣冠，礼圆照本公为苾刍师。具游方至圆通秀公室，圆通知其法器，一见许之，决剔疑情，卒为印可。在熙宁、元丰间，圆照、圆通道行当世，巨公要人咸所严事，而师实出其门，丛林学者尊之，皆以"讷叔"称焉。住芜湖吉祥院、江宁能仁寺，继迁华藏，皆当路以师道价敦请之，非师志也。尝曰："比丘辞亲割爱，出离世网，当以因缘果报为念，讵宜俯仰世权，执事住持为人役耶？"故所至未几辄辞去。隐居于宣之泾县，邑

广教寺双塔保护与研究

人王文谊为筑室金峰以居，凡十有六年。

宣和辛丑，龙图阁学士毗陵钱公即来镇是邦，会广教住持虚席，公曰："此唐相国裴公隐地，断际禅师道场也，宜得道行为众钦信者居之，无如讷者。"辞老且病，公卒以礼致之。师虽久于自晦，一旦复出，四方释子抠衣问道，云集辐辏，方来不已，而师遽逝矣。惜哉！师逝之前二日，尝以顶相封授其徒，既而启封，得偈二十言，有违世之意，其于死生际了了如此。师为人劲直精敏，勇于践履，禅观之外，博极群书，赋诗属文，自号"莫莫翁"，有集行于世，作《大藏节要》二十门，门门为之序。节《宗镜录》十卷，拟寒山诗数百篇，浩博渊奥，事理并举，皆以寓教，观者获益焉。

嘻！余之愚，且从师未久，固不足知师，而旸叔深于禅者，其言炳炳可考，则师之行信矣。惟浮图氏以真实不二为宗，以谦卑慈忍为行，以戒定寂默为修，至其弊则流而为诡、为戾、为贪，又其弊则诞惑不根，捷给尚口訾慢自我好为人师，浸以相承，不知其失，而道日隐矣。如是习者怠，信者疑，使人得以议其教，是岂教之罪也？以状考之，师则无是，殆所谓明于宗，笃于行，而得其所以修者欤？呜呼！亦难矣哉！是宜铭。又，师之嗣法兄法藏卓公视余为犹子，故余之诸父从师游者众，师亡之夕，见梦于余，若有所属者，则铭师尚可辞耶？铭曰：

真离诞胜日翳昏，畴始离之荛暨薰，沿非传异益放纷。惟师友德合于浑，坚持所修修所闻，尘销觉圆静以醇，死而不亡法中尊。《筠溪集》卷二十四

广教水旱后化斋粮并修造疏　释居简

相国师断际，备无求断际之徒；祖师摧六宗，来不拒六宗之

党。石混俱焚之玉，沙藏未汰之金。惟反己而恕人，聊抗尘而走俗。损余补不足，盖恻隐之常心；持危扶其颠，在秉彝之懿德。领言前意，须个中人。歌有道之朝廷，九年水，七年旱；笑不灵之佛法，二生受，三生冤。试听八十岁老僧之言，来下百千劫信根之种。《北涧集》卷八

三、相关诗词

送僧归敬亭山寺　许浑

十年剑中路，传尽本师经。晓月下黔峡，秋风归敬亭。开门新树绿，登阁旧山青。遥想论禅处，松阴水一瓶。《丁卯诗集》卷下，《全唐诗》卷五三一

寄敬亭山清越上人　许棠

南朝山半寺，谢朓故乡邻。岭上非无主，秋诗复有人。高禅星月近，野火虎狼驯。旧许陪闲社，终应待此身。《全唐诗》卷六〇三

赠敬亭清越上人　张乔

海上独随缘，一作"海畔与穷边"。归来二十年。久闲时得句，渐老不离禅。砌木欹临水，窗峰一作"蓬"直倚天。犹期向云里，别扫石床眠。《全唐诗》卷六三八

再题敬亭清越上人山房　张乔

重来访惠休，已是十年游。向水千松老，空山一磬秋。石窗清吹入，河汉夜光流。久别多新作，长吟洗俗愁。同上

寄清越上人一作"寄山僧" 张乔

大道一作"真性"本来无所染，白云那得有心期。远公独一作"犹"刻莲花漏。犹一作"独"向空山一作"青山"、一作"山中"礼六时。同上，卷六三九

寄宣州可真上人 梅尧臣

昭亭山色无纤尘，昭亭潭水见游鳞。长松筱入古寺，石上高僧度几春。《宛陵集》卷十一

奉和寄宣州广教文鉴师 梅尧臣

秋池对门莲子枯，野壁剥月蜗涎涂。庭中两株石楠树，上有山鸟长相呼。当时联巢接飞者，一落梁宋一海隅。扶桑日枝几千尺，光彩不独生阳乌。同上，卷十五

与二弟过溪至广教兰若 梅尧臣

溪水今尚浅，涉马不及鞯。岸口出近郭，野径通平田。行行渡小桥，决决响细泉。万木荫古殿，一灯明象筵。长廊颜顾碑，字体家法传。空堂裴相真，白髯垂过咽。名迹两不灭，岂独画与镌。高僧凿崖腹，建阁将云连。秘此龙鸾迹，足使臣仆虔。修竹间长松，森卫若被坚。是必神物护，禹穴空岁年。饭讫过山后，井傍携名煎。探幽偶转谷，忽视昭亭巅。蔓草不识名，步侧时得牵。幽禽声各异，可辨唯杜鹃。似惊俗客来，聒聒两耳边。弊庐隔城堞，畏暮邈言还。道逢张罗归，鸟媒兼死悬。遂同山梁雉，令我复喟然。聊追一日事，书以为短篇。同上，卷三十七

与诸弟及李少府访广教文鉴师 梅尧臣

山僧邀我辈，置酒比陶潜。紫蕨老堪食，青梅酸不嫌。野蜂时入座，岩鸟或窥檐。薄暮未能去，前溪月似鎌。**同上**

至广教因寻古石盆寺 梅尧臣

古寺近田家，山寻石盎差。化虫悬缢女，啼獲响缫车。僧坐树间石，马行溪畔沙。野香无处辨，归路傍城斜。

郡人不知古石盆寺在此山之傍，旧基存焉。山中有井，相去可一里，岂图经所传裴休井欤？近城有石盆寺，其侧亦云裴相井者，恐非是。何则？杜牧有石盆山诗，是寺因山名也。从近城莫究其由。呼“盎”为“盆”，必风俗讹也。**同上**

雪中怀广教真上人 梅尧臣

苍山去不远，日日起寒云。堂上看飞雪，水边思练裙。铜瓶生薄冻，桂火压残薰。欲往有余兴，林幽路不分。**同上**

别达观、文鉴二大士 梅尧臣

云衲山中来，画桡江上发。何日到山中，山花应未歇。**同上**

依韵和文鉴师赠别 梅尧臣

来见寒沙鸟，长随上下波。乃知游宦迹，不似施松萝。子语马喻马，吾吟柯伐柯。清江挂帆去，奈忆故山何。**同上**

依韵和达观、文鉴雨中见怀 梅尧臣

出浦候波平，石尤风未止。密雨长蒲牙，轻泥随燕子。寒侵

远客衣，岸起新痕水。各各欲还山，还山能几里。同上，卷三十八

依韵和签判都官昭亭谢雨回广教见怀　梅尧臣

赛雨何从事，高情苦爱山。谢公联句后，谢公有《昭亭赛雨与何从事联句》诗。惠远过溪间。笑处岩相答，归时酒在颜。端忧守穷巷，无力共跻攀。同上

依韵和昭亭山广教院文鉴大士喜予往还　梅尧臣

山暖春烟重，林昏古寺藏。溪流过晓涨，岭树见新行。马去侵云迹，风来袭野芳。禅衣频斗薮，蜡屐莫趋跄。飞鼠时过掷，饥禽或下颀。凭栏何所适，望堞正相当。捧膳溪童絜，衔花鹿女香。登临无险绝，不似畏岩墙。同上

和真上人《万松亭》《虎窥泉》　梅尧臣

南冈新路平，东岭新亭成。岭上松万株，岭下泉一泓。松未龙鳞老，泉曾虎迹行。虎去岂不渴，松今岂不生。泉无百尺绳，安见甘与清。松无百岁人，安见千丈荣。道人能喻道，莫使世人惊。我来开醉眼，不似阮步兵。同上，卷四十一

与正仲屯田游广教寺　梅尧臣

春滩尚可涉，不惜溅衣裾。古寺入深树，野泉鸣暗渠。酒杯参茗具，山蕨间盘蔬。落日还城郭，人方带月锄。同上

187

广教上堂　释文鉴

夫欲为宗师，须事明暗句。半夜里贴作"眨"眼，浑成空路布。多事释迦文，生时强四顾。点胸独称尊，又周行七步。明复阿谁知，暗使何人悟。自后百千年，屈指河沙数。一盲引众盲，盲盲相扶举。他日见阎老，怒目作"努力"空相觑。是时休叫道，镬汤无冷处。休空腹高心，但高盘转箸。寄语后世人，莫被徐六误。《续传灯录》卷九按，异文据《五灯传书》卷二十五出校。

赠广教长释净端

浮云散尽无凝碧，春色消融山更青。我爱禅翁淡如水，时来相伴度残龄。《湖州吴山端禅师语录》卷上

同蒋颖叔殿院游昭亭山广教寺　郭祥正

晴光散余翳，佳辰值清和。联车不辞远，共登昭亭阿。步夷惬苍石，缘险扪修萝。迥出白云上，俯瞰飞鸟过。凌霄插危观，裂地注明河。微风解兰芷，广波浴凫鹅。潭潭紫华君，左右森矛戈。雷电在呼吸，玉帛荐牲牺。庙食溢千载，佑民理无讹。崔碑梦协吉，谢守诗载歌。却憩林下寺，裴颜迹尤多。丹青业已晦，长髯但蟠蟠。笔画肖家法，燕尾无偏颇。览古发遐想，缘情还独哦。逢时不荣达，憔悴同苦簨。嗒焉姑自丧，安之如命何。彼美蒋御史，道术追雄轲。嗟予委泥涸，有意倾余波。荐士古来重，披剑今则那。书为昭亭篇，昭亭崖可磨。《青山集》卷十三，宋咸淳本

三月二十二日游昭山，前一日讷禅师死　周紫芝

今日天色佳，晴光与山秀。道人邀我出，共访山中旧。马首转岩阿，佛屋露螭兽。残花趣春事，白水决崖溜。山行乱人影，香火各奔辏。禅师秋月空，遗像孤鹤瘦。平生三昧句，高压岛与昼。风吹水成纹，妙语本天就。莫言鸠摩罗，临死出神咒。《太仓稊米集》卷四

次韵春卿游黄檗道场　周紫芝

长安多贵人，被服萦宝带。名字垂鼎彝，功勋压崧岱。一怀上蔡悲，乐事钟我辈。知君汗漫游，食蛤据龟背。若若笑痴儿，洋洋飞大盖。梯空瞰千山，阅此烟雨态。小阁亦何有，长松飒微籁。聊将身世梦，净洗佛祖戒。行乐要及时，幸此无籍在。只今况丰年，禾黍已旆旆。狂风不鸣条，积雨不破块。赏心失幽期，噬脐有余悔。晓猿倘未惊，斯游君勿怪。便当买薄田，往抱躬耕耒。同上，卷七

昭亭广教寺　吕本中

故人唤我去一作“出”，久雨值新晴。草暗鼯鼠出，山深鹧鸪鸣。斋厨半盂粥，草具一杯羹。尚肯频来否？门前春笋生。《东莱诗集》卷十一

追忆昔年正月十日宣城出城至广教　吕本中

尝忆他年在宛陵，好山松竹面层层。江城气候犹含雪，草市人家已挂灯。每怪愁肠难贮酒，时随挂杖出寻僧。如今转觉衰颓甚，病坐南窗冷欲冰。同上，卷十七

夏夜宿广教寺，风月清甚，思李白敬亭诗有怀，用似表弟韵

李弥逊

众鸟高飞云去闲，相看只有敬亭山。孤标尚想风尘外，佳句长留天地间。影落金牛撩客恨，手摩玉兔练仙颜。故山风月非人世，何事骑鲸去不还？《筠溪集》卷十五

去年正月三日雪霁，入昭亭访应庵、如庵二老，今年在临川追怀昔游，用寄万庵韵　张孝祥

蹇驴冲一本作"踏"雪度松林，唡一本作"漱"石溪流有令音。旋摘白云濡燥吻，更参黄檗印初心。岚开复岭云千叠，冻合浮图玉数寻。一梦经年归去好，官情全薄此情深。《于湖集》卷六

用韵简天童应庵　张孝祥

敬亭松竹古丛林，二老风流旧赏音。楼阁长开太平象，钟鱼能洗祖师心。别来黄鹄还千里，盟在白鸥当再寻。却忆西堂大言客，只今高坐海云深。同上

奉陪宣守任使君谒昭亭神祠之二　张孝祥

丰年已卜稻如京，雪尽春从草际青。竹里红旗行点点，松间白塔见亭亭。暖回宿麦开寒色，风约疏梅度晚馨。却忆宣城李太白，也将诗句掣斋铃。太白诗云："昨日方为宣城客，掣铃交通二千石。"同上

宿广教寺　韩滤

平生萧散喜登临，秋入溪山处处清。访古人传裴相国，寻诗

我忆谢宣城。风回万木新霜净，云薄长空夕照明。更向僧窗闲徙倚，一樽谈笑为君倾。《涧泉集》卷十一

广教不厌亭李白云："相看两不厌，只有敬亭山。"拟同游者也　释居简

既挂层峦醉益青，旋疑身是出山云。一泉一石忘情地，都作鸿沟与俗分。《北涧诗集》卷六

次广教寺坚师韵　王璋

矮窗宜晓取朝阳，高槛凭虚接莽苍。咒水钵中莲是幻，坐禅床畔竹偏长。不须沽酒供彭泽，耐可吟诗伴石霜。想见六时天乐下，散花吹满衲衣裳。《宛雅初编》卷四

中吕·朱履曲访立轩上人于广教精舍，作此命佐樽者歌之。阿娇，杨氏也　卢挚

相约下禅林闲士，更寻将乐府娇儿。鹤唳云雨催诗。你听疏老子，划地劝分司，他只道人生行乐耳。

恰数点空林雨后，笑多情逸叟风流。俊语歌声互相酬。且不如携翠袖，撞烟楼，都是些醉乡中方外友。

这一等烟霞滋味，敬亭山索甚玄晖。玉颊霜髯笑相携。快教歌宛转，直待要酒淋漓，都道快游山谁似尔？《乐府群珠》卷四

刘损斋主簿见示《游广教和刘朔斋》诗次韵　王圭

红叶村边白板扉，林间剥啄愧新知。离居自信难同俗，载酒何时许问奇。黄檗人亡空有寺，锦袍仙去更无诗。知君此日登临

意，不比儿曹饱腹嬉。《华阳集》卷二

清明前一日施敬叔约游广教寺　何儒行
澄江西畔扣禅扃，暖日联镳趁踏青。茂树清泉丞相宅，闲云飞鸟谪仙亭。山中不雨花常润，林下无人兰自馨。醉后摩挲庭外碣，风霜杉桧几朝经。《宛陵群英集》

金鸡井　王寅
庄严逢劫后，双塔尚浮天。有虎窥灵井，无僧种施田。松鸣金磬觉，日照宝灯传。下拜虚空里，来参黄檗禅。万历《宁国府志》卷十二

寻故广教寺　梅鼎祚
曾见金莲长，无何半草莱。残僧犹寄食，过客转兴衰。佛力存荒塔，尘缘问劫灰。前山孤磬发，时度白云来。《鹿裘石室集》卷十

四月朔日病起诣广教访栖霞通公　梅鼎祚
孟夏滔滔至，开坛草木长。灵机先象帝，病色恋医王。黄檗三生案，青莲一瓣香。吾将持众问，相对嗒焉忘。《鹿裘石室集》卷十三

同梅季豹诸子游广教寺　高维岳
向晚寻归路，茫茫翠欲迷。会心偏胜地，洗耳惬清溪。酒泛吴船小，歌残海月低。相看无限意，扶醉为君题。《宛雅二编》

卷六，嘉庆《宁国府志》卷二十五《艺文志》

首夏入敬亭山，道经广教废寺 梅守箕

为访青莲宇，来参黄檗禅。荒田供野雀，废井没墟烟。苍翠峰岚变，虚空塔影悬。不知凡几劫，寂寞永真年。

其二

落日临初地，高台澹夕曛。莺歌听渐异，鸟道不能分。径草留青霭，岩松挂白云。先贤祠庙在，吾此挹清芬。

其三

不厌敬亭路，相看醉一尊。孤云生薄暮，众鸟去高原。歌吹烟尘合，阴森草木繁。当年流寓客，千载重骚魂。《居诸二集》卷五

游广教寺 徐梦麟

真界开黄檗，千年塔并存。松风生绝巘，梦月掩颓门。觅碣晾栖鹊，听经立老猿。谁能回地轴，钟声落幢幡。光绪《宣城县志》卷三十二《艺文》

广教寺从石讲经 吴伯与

孤锡依云住，千生结净因。空堂无半偈，双塔亦微尘。磬响流清梵，林香识定身。长吟不碍性，到处是归津。

其二

师演西来旨，吾参出世缘。函花幽钵水，净月空瓶莲。鸟欲衔残字，苔仍炷旧笺。非传亦非受，何处觅真禅？《素雯斋集》卷二

游广教寺 吴伯敷

春暮虎溪东，云林谒远公。烟霞浮雁塔，栋宇起龙宫。落日孤峰照，寒泉旧井通。翛然一室里，趺坐得心空。光绪《宣城县志》卷三十二《艺文》

同杨适之广教寺礼清公龛 梅士生

避世从纡径，无烦问路岐。往随樵者步，前与老僧期。梵咒荒坟护，空香露草知。悠然已若此，想见古威仪。《梅氏诗略》卷八

广教寺怀古即黄檗师道场，灾于火。有金鸡井，游敬亭者道必经此 李确

丛竹萧萧覆短墙，昭亭云展此津梁。道傍古井生秋草，门外浮图对夕阳。高础有基游鹿豕，残碑无字问隋唐。空山不见裴公美，谁念吾师旧法堂？《蜃园诗前集》

双塔寺 释在柯

此黄檗道场也，茶毗殆尽，双塔巍然。

嵯峨双塔敬亭西，卓锡从来并虎溪。云护天花犹作雨，泉通地肺不闻鸡。回峰暮拥千莲出，荒殿晴含赤日低。莫问前朝灰几劫，居然灵异到今栖。同上，亦见光绪《宣城县志》卷三十三《艺文》

双塔寺在敬亭之麓，自黄檗禅师。一名广教寺 施闰章

林麓依崇岩，松雨洒衣湿。双塔如老翁，苍颜比肩立。上有

玉局铭，摩挱隔层级。摧残劫火余，风雨百神集。裴守侈招提，栋宇蔽原隰。至今榛莽中，遗础累百十。事往钟磬稀，夜阑龙象泣。黄檗邈难招，白云时出入。旧井有灵泉，修绠谁当汲？《学余堂诗集》卷八

石公《种松图》歌画是梅渊公笔　施闰章

梅翁石公皆画松，倔强不与时人同。石公飞锡腾黄岳，万松诡异罗胸中。揭来黄檗袈裟地，便拟手擎双塔寺。广教寺为黄檗禅师道场，俗称双塔寺。茎草拈成丈六身，旧时云鸟来依人。金鸡舞罢吼龙象，种松欲徧无荒榛。上人逸兴多如此，黄岳千峰归眼底。高坐松阴自在吟，役使神猿及童子。客来笑把《种松图》，看取新松种几株。俄顷空中声谡谡，青天万树齐浮屠，为问西飞黄檗归来无？同上，卷二十二

夏日游敬亭山其二　窦遴奇

双塔寺前生绿莎，相逢老衲步三摩。淄尘喜得清凉地，六月来游客兴多。《雉倚堂集》卷七

双塔　梅清

古瓦层层烂，荒榱片片悬。如何双壁立，终古破青天。《天延阁后集》

怀喝公、石公敬亭山　梅清

敬亭双古塔，兄弟一空门。寒任穿蓬壁，饥常断菜根。莲花霜下吐，贝叶月中翻。乐土原无著，何忧近塞垣。《天延阁后集》

卷一《甲寅诗略》

同愚翁访喝涛、石涛两师双塔寺　　江注

白云何处来？吾知离奥峤。巾瓶手中携，历历看山好。前因笔墨禅，相见即倾倒。言念古昭亭，卓锡可终老。曲涧隐深篁，青岑细幽讨。残寺复为新，其功已浩浩。门前一双塔，将为两师表。《江注诗集》卷四

城中晚归双塔途中偶作　　释原亮

孤城烟际出江滨，返照行看藜杖春。归鸟数声音上下，高楼一曲动星辰。平翻麦浪云千顷，短插秧针绿倍新。更望敬亭山上月，风流今日付何人？《宛雅三编》卷二十

锺玉行先生枉顾广教寺　　释原济

丁巳夏日，石门锺玉行先生枉顾敬亭广教寺，言及先严作令贵邑时事，哀激成诗，兼志感谢，录正，不胜惶悚。

板荡无全宇，沧桑无安澜。嗟予生不辰，龆龀遭险难。巢破卵亦陨，兄弟宁忠完。百死偶未绝，披缁出尘寰。既失故乡路，兼昧严父颜。南望伤梦魂，怛焉抱辛酸。故人出石门，高谊同丘山。揭来敬亭下，邂逅兴长叹。抚怀念旧尹，指陈同面看。宿昔称通家，两亲及交欢。须眉数如写，气骨光采寒。翻然发愚蒙，感激摧心肝。识父自兹始，追相遥有端。便欲寻遗迹，从君石门还。一为风木吟，白日凄漫漫。清湘苦瓜和尚昭亭之双幢下。谢稚柳《鉴余杂稿》

广教寺双塔保护与研究

种松图歌为石涛大师题　沈泌

澄江接水西，昭亭亘黄岳。冈岫何蜿蜒，浦溆远参错。粤西高人来住山，荷衣蕙带冰雪颜。爱我敬亭泉石好，荷锄种松长闭关。栽花洗竹亦足怡，不如松树还相宜。此日勤予培溉力，他年敬汝干霄姿。石幢双崎青萝径，朝夕看松见松性。有时雾烟蔼然笼，有时云鹤巢来静。苍梧九嶷望超忽，鹧鸪飞处叫山月。美人睇笑隔婵媛，环佩各天渺吴越。师既自种仍自图，老龙鳞甲成须臾。为问清湘十万树，争似图中根干无？《宣城清诗五种》

重过广教寺　梅以俊

相寻疑异地，缔构见幽心。改径全迷客，遮门忽有林。雁归双塔静，灯掩一龛深。应复来神水，飘浮动海音。《梅氏歌略》卷十二

广教寺访喝公、石公二大师　王摅

飞锡来何处，空山共隐沦。诗魔禅自伏，祖席道重新。寺为黄檗禅师道场，双塔、虎窥泉，皆古迹也。泉涌诸天护，灯传一塔真。翛然方丈室，满壁画龙鳞。石公善画松。《芦中集》卷四

题石涛《种松图》　梅庚

黄海松奇天下无，苍松古貌多无比。踏翻两地寻不得，都在石公墨池里。石公出世好颜貌，科头踞石但微笑。拾取青松种作林，手辟荆榛扶广教。此地昔闻黄檗住，金刹弥山接官路。千间广厦一夕收，剩见双幢矗烟雾。我闻树木须百年，石松掉头不谓然。图成自补虬枝干，万树龙鳞顷刻传。黄檗一去空祖庭，卓锡

何来双树青。金鸡夜叫灵泉涌，坐待松荫满敬亭。《梅耦长诗集》

金鸡井 蒋无逸

闻说千寻井，潜通出邓林。五更山欲曙，犹听宝鸡音。《散亭唱和集》

广教寺 徐岚

古寺化为墟，惟存柱下础。荒阶春草生，游人坐相语。《宛雅三编》卷十四

过双塔寺 郑相如

碧落岚光里，寻僧度小峰。竹风音历历，松日影重重。鸟去禅关静，云来讲院封。登高回首处，摇曳一声钟。《虹玉堂文集》卷六

次双塔寺韵原注云：即古广教寺。唐黄檗禅师建寺千间，木由金鸡井涌出。今存数椽耳 赵青藜

古寺前双塔，捶空碎佛心。任言飞鹤近，无奈劫灰深。一榻迷蓬径，千章渺井阴。锡归西去路，怅望与谁寻？《溯芳居诗抄》卷一

双塔寺 张汝霖

烟寺远如水，双樯出水心。忽闻松响起，知入白云深。鸭脚当门树，鸡鸣古井阴。千间度能却，佛乐肯西寻。光绪《宣称县志》卷三十四

双塔寺　章国庆

蹑蹬云随屐，寻幽叩竹关。一庭秋色冷，双塔夕阳间。观瀑倚古树，听禽怀故山。为谁不归去，惆怅对烟鬟。光绪《宣城县志》卷三十四《艺文》

广教寺　朱筠

古宿老黄檗，精律德相尊。行脚泾川西，来敬亭南山。余事为神通，募木安南人。金鸡双斗井，松萝出其间。或云龙拔谷，鬼毒神愁奔。玉础与花台，杉柏飞而骞。裴相公助之，卢肇铭所传。余八株植活，与二株同根。异行僧树奇，开葩烂霱云。伽蓝记别书，井中断尚存。灵迹久厌世，火克乃自焚。譬如舍利珠，骨肉烬光煟。到今破庵椽，撑楮沙弥蹲。一钵清清流，饮我谈其源。木主题蘖老，双塔指我观。空空双塔腹，村童盗其砖。磨刀利于硎，古物牢且坚。嗟危塔跛足，佛力呵不颠。塔腹旁嵌石，神咒工雕镌。年月疑唐书，浪传坡手痕。何时坡到此？毁墁书不刊。长梯探高穴，我目视转昏。古识既可喜，灵迹资异闻。衰矣浮屠氏，独浮屠矗天。乞僧搨致之，水西塔同看。《筒河诗集》卷九

敬亭双塔禅院东坡经碣，即用雪浪石诗韵　朱锦琮

秋澄山院鳞云屯，光见满月天人尊。古塔空嵌坡老碣，金经照彻双瞳昏。昔模上人住广教，时东坡责授黄州团练副使，书赠宣城广教院模上人。赞呗书寄楚人村。我读黄州寒食作，春江小屋望君门。时将余事证禅学，凭仗佛力招湘魂。法轮咒语百余字，宗旨在心并本根。根本咒、大心咒、随心咒。楚水吴山一千里，鱼书远带江潮痕。绍圣三载勒诸石，历年七百谁深论。为访

昭亭叩佛护，中元节造盂兰盆。苔藓未蚀龙蛇迹，急模断石收其存。《治经堂集》卷六

偕敬亭社诸生同游宣城双塔寺　王季思

山桃着花红照涧，久行正要息脚力。先生初向堂前坐，老僧款客意徒殷。木牌新漆堆两廊，当时植树曾一来。重游已隔二十日，奇才自向深谷生。出门指与诸生看，枫叶未烂白满地。刚刚到了双塔寺，弟子已自门外至。野牛见人横不避，错落松楸桐柏字。达官车马如鳞次。不见春苗抽芽细。衰时宁有十年计，前山丛木郁苍翠。

附记：1931 年，在宣城中学组织敬亭社，从事课余文艺活动。当时国民党政府提倡植树运动，实际是官样文章，敷衍应付。"奇才自向深谷生""衰时宁有十年计"，盖早知此辈之无成矣。(《王季思全集》第六卷《韵文集》，《王季思诗词录》玉轮轩诗词)

遥闻古广教寺双塔突遭雷击凭吊　吴介夫

一九八五年，十月十一日，横空急雪飞，两塔遭霹雳。七级顶三层，南角如刀辟。塔内微伤痕，状似火花裂。沧桑阅大千，雷电遭小劫。白壁有微瑕，求全安可得。盛世不弃材，保护古文物，塔周搭高台，维修工事迫。我来双塔下，策杖一面壁，祸因福所依，为之浮大白。

双塔题照　吴邦彦

夙缘古刹地，晚景乐余生。塔荷双峰立，风流千古存。

四、历代楹联

双溪北流，荐滚滚波涛，洗净红尘万斛；
塔峰南峙，看层层倒影，压来碧嶂千重。——奚居亚

孤月悬时双塔立，
万松深处一僧归。

佛法大千，闹市红尘开净界；
观音普渡，敬亭宛水设慈航。——敬亭箬翁

双膝抱长吟，古寺斜阳，寓目皆成诗料；
塔峰笼皓月，空山幻影，悉心都是禅机。——吴粟如

空际一人僧觉定，
眼前双塔佛如来。——黄时敏

参考文献

[1] 安徽省文物保护中心. 宣城广教寺双塔维修设计方案. 2012.

[2] 陈从周. 陈从周说塔 [M]. 社会科学文献出版社. 2018.

[3] 陈从周. 苏州罗汉院正殿遗址 [J]. 同济大学学报. 1957（2）. 73-80.

[4] 刘叙杰. 广教寺双塔调查及整修计划（未发表）.

[5] 吴海萍. 苏轼观自在菩萨如意轮陀罗尼经抄考 [J]. 文物. 2018（3）. 91-96.

[6] 周国艳. 广教寺双塔形制特征浅析 [J]. 古建园林技术. 2001（1）. 31-35+5.

[7] 吴庆洲. 佛塔的源流及中国塔刹形制研究 [J]. 华中建筑. 1999（17）. 132-133.

[8] 陈航. 中国楼阁式塔形态演变的功能意义 [J]. 家具与室内装饰. 2014（12）. 66-67.

[9] 安徽省文物保护中心. 宣城广教寺双塔维修设计方

案．2012.

[10] 宣城广教寺双塔竣工报告、试验资料与工程影像资料．2014.

[11] 安徽省文物考古研究所．宣城市博物馆．宣城市广教寺遗址发掘简报 [J]．文物研究．第12辑．114-122.

[12] 钟燕．陆地．陈彦．借自然之手的保护用于砖石遗址墙体保护的软盖层 [J]．建筑学报．2016年第三期（No. 570）.35-39.

[13] 钟燕．刘雨涵．戴仕炳．刘政．汤羽扬．中国南方气候环境下"软盖层"保护的模拟实验研究 [J]．文物保护与考古科学．2017．第6期（第29卷）.1-9.

[14] 上海保文建筑工程咨询有限公司．宣城广教寺双塔遗址展示利用工程—材料病害及相关保护试验研究报告 [R]．课题研究报告．2016.（未发表）

[15] 刘海燕．安徽宣城广教寺遗址本体保护研究 [D]．上海．同济大学．2016.（未发表）

[16] 北京建工建筑设计研究院．宣城广教寺双塔遗址展示利用工程设计方案．2016.（未发表）

[17] 白崇斌，马涛．古遗址科学保护的探讨与实践 [J]．文博，2005，000（004）：12-17.

[18] 戴仕炳．石质古迹及建筑物保护的材料及技术问题 [J]．材料科学与工程学报，2000.954-956.

[19] 戴仕炳．德国多孔隙石质古迹化学增强保护新材料和新施工工艺 [J]．文物保护与考古科学．2003（01）.61-63.

[20] 戴仕炳．李宏松．平遥城墙夯土面层病害及其保护实

验研究［J］.建筑遗产.创刊号.2016（01）.122-129.

［21］高国瑞.灰土增强机理探讨［J］.岩土工程学报.1982（01）.111-114.

［22］国家质检总局.膨胀土地区建筑技术规范.2013.

［23］黄克忠.文物建筑材质的研究与保存［J］.东南文化.2003（09）.93-96.

［24］文化部.纪念建筑、古建筑、石窟寺等修缮工程管理办法.1986.

［25］李小洁.万涛.林金辉.肖维兵.金沙土遗址加固材料的制备及性能研究［J］.材料科学与工艺.2009.17（02）.215-220.

［26］梅淑贞.灰土材料的硬化机理及其性能研究［J］.水利学报.1982（05）.47-53.

［27］孙丽娟.陈丽杰.古遗址保护材料耐老化性能初步研究［J］.文物保护与科技考古.422-426.

［28］文化部.文物保护工程管理办法.2003.

［29］王世仁.李彦成.2003-2004年圆明园遗址保护工程概述［J］.中国建筑文化遗产.2003（09）.70-81.

［30］王旭东.西北地区石窟与土建筑遗址保护研究的现状与任务［J］.敦煌研究，2007，000（005）：6-11.

［31］西安市文物局.西安市汉长城遗址保管所.汉长安城桂官-2号建筑遗址（南区）保护工程报告［M］.北京.文物出版社.2012.